Made In Russia : The Holocaust

Livret d'accompagnement de la vidéo

Carlos Whitlock Porter

Made In Russia : The Holocaust

Livret d'accompagnement de la vidéo

par
Carlos Whitlock Porter

Traduit de l'anglais par
Valérie Devon

Cet ouvrage est le livret d'accompagnement de la vidéo de 90 minutes
qui présente les documents du premier procès de Nuremberg intitulé :
Made In Russia: The Holocaust, tiré du livre du même nom,
vidéo réalisée par Carlos W. Porter et Ernst Zündel en 1988, au Luxembourg.
Nous n'avons malheureusement pas pu nous procurer tous les documents présentés dans la vidéo,
et nous vous renvoyons à celle-ci afin de les voir car ils ne se trouvent pas dans le présent ouvrage. La vidéo
en question est disponible ici :
https://archive.org/details/CarlosWhitlockPorterMadeInRussiaTheHolocaust

La couverture de ce livret a été réalisée par Noel Greld

©2017 par Valérie Devon
Imprimé et Publié par Valérie Devon
Tous les droits sont réservés.
Ce livre ou une partie de celui-ci ne peut être reproduit ou utilisé de quelque manière que ce soit
sans l'autorisation écrite expresse de l'éditeur,
à l'exception de l'utilisation de courtes citations dans une revue de livres
ou un journal scientifique.
Contact information : didi3486@gmail.com

Carlos Porter, l'homme que Robert Faurisson a surnommé *"l'hyper connaisseur de ces infâmes procès"*, est un traducteur professionnel.

Ses traductions révisionnistes incluent le *Rapport Walter Lüftl* et les deux versions (longue et courte) du *Rapport Germar Rudolf*, mais aussi *STALIN'S WAR OF EXTERMINATION*, de Joachim Hoffmann, et une variété d'articles et de livre de Carlo Mattogno et Jürgen Graf. Il est membre de l'Institut des Linguistes de Londres.

D'origine américaine, mais à l'heure actuelle apatride en vertu de sa renonciation formelle à la citoyenneté le 8 novembre 1984.

Il est également un révisionniste holocaustique.

Carlos Porter est devenu révisionniste entre 1976 et 1978, après avoir remarqué que les réactions chimiques décrites dans la littérature holocaustique sont toutes erronées et se contredisent toutes les unes les autres.

Bonjour Mesdames et Messieurs, mon nom est Carlos Whitlock Porter, et je suis ce qu'on appelle un révisionniste de l'holocauste généralement désigné par les termes génériques de sectaire, fasciste, haineux, nazi, menteur et falsificateur de l'histoire.

Afin de me protéger contre les dernières accusations dont je fais l'objet tout autant que les précédentes, j'ai préparé un livre (Made In Russia: The Holocaust) composé presque entièrement des documents de l'accusation du premier procès de Nuremberg. C'est-à-dire, qu'il n'y a quasiment rien écrit par moi dans ce livre, mais qu'il s'agit simplement des documents de l'accusation ou divers extraits de ceux-ci, soulignés par une légende en haut de page. Il y a quelques commentaires, compris dans une introduction d'environ cinq pages, ainsi que de nombreux dessins et photographies. C'est la charge qui est censée avoir prouvé que les Allemands ont tué des millions de juifs et des millions de Russes, ainsi que des millions d'autres gens, une véritable arche de Noé de victimes holocaustiques.

Je vais maintenant vous en lire quelques extraits. Je commencerai avec "l'incroyable machine à pédale pour écraser le cerveau ou comment j'ai aidé à tuer 840.000 Russes au moyen d'une *'machine actionnée par un seul pied'* et brûlé les corps à l'aide de quatre fours portables." C'est une partie des confessions du S.S Paul Waldmann, citées dans le rapport soviétique de crimes de guerre, *USSR-52*. D'autres citations du même document se trouvent également dans divers ouvrages sur l'holocauste.

"L'incroyable machine à pédale pour écraser le cerveau ou comment j'ai participé à l'assassinat de 840.000 Russes au moyen d'une 'machine actionnée par un seul pied' et brûlé les corps dans quatre fours portables."

Évidemment, le titre est de moi, cela n'apparaît pas dans le texte. Et voici un extrait du texte qui commence comme ceci, page 378 de mon livre :

Fin 1941, le Sonderkommando de la police de sécurité, subordonné directement au bureau d'état du Führer Adolf Hitler, tua 840.000 prisonniers de guerre russes dans le camp de Sachsenhausen. Je dois dire la chose suivante sur cette 'action spéciale' : les trains transportant les prisonniers de guerre russes arrivaient à la gare de Sachsenhausen tous les jours. Chaque jour, 8 à 10 trains arrivaient, chacun d'eux transportant 1.800 personnes. Ainsi chaque jour, 28.000 prisonniers de guerre russes arrivaient. Les exécutions se poursuivaient pendant 30 jours. Ce fut interrompu en raison d'une épidémie de typhus. Le camp fut fermé. Le détachement d'exécution avec leur appareil quitta le camp de Sachsenhausen. Je n'ai pas entendu si l'extermination s'est poursuivie dans un autre endroit, parce que j'étais peut-être porteur du typhus et je fus détenu en quarantaine.

De la gare au camp, la ligne des prisonniers de guerre russes s'étendait sur environ un kilomètre. Ils restèrent au camp pendant une nuit sans nourriture. Le lendemain soir, ils furent emmenés pour exécution.

Sans cesse, les prisonniers étaient emmenés du camp intérieur avec trois camions, je conduisais l'un d'entre eux. Le camp intérieur se trouvait à environ trois quarts de kilomètre de la cour d'exécution. L'exécution elle-même avait lieu dans une caserne, qui avait été équipée à cet effet peu de temps avant. Une pièce servait de salle pour se déshabiller, et une autre de salle d'attente. Dans les chambres, une radio jouait de la musique assez forte, pour empêcher les prisonniers de deviner que la mort les attendait. Depuis la seconde chambre, ils passaient un par un par un dans une petite chambre grillagée, sur le plancher de laquelle il y avait une grille de fer ; sous la grille, un canal de drainage avait été aménagé. Dès qu'un prisonnier était tué, le cadavre était emmené par deux prisonniers allemands, et la grille était nettoyée du sang. Dans cette petite pièce, il y avait une fente mesurant environ 50 centimètres. Le prisonnier se tenait debout, le dos de sa tête contre la fente, et un tireur qui était derrière la fente lui tirait dessus. En fait, cet arrangement n'était pas satisfaisant, parce que le tireur manquait souvent sa cible. Après huit jours, un nouveau système fut introduit. Ils mirent le prisonnier contre le mur, comme avant, puis lentement abaissaient une plaque de fer sur sa tête. La plaque de fer contenait un marteau, qui était descendu et frappait le prisonnier sur le dos de la tête, de sorte qu'il tombait raide mort.

La plaque de fer était commandée au moyen d'un levier à pédale situé dans le coin de cette pièce. Les préposés provenaient du Sonderkommando susmentionné. À la demande des fonctionnaires du détachement d'exécution, moi aussi, j'ai utilisé cet appareil. Je vais en parler ci-dessous. Les prisonniers de guerre qui furent tués de cette façon étaient brûlés dans quatre crématoires mobiles, qui étaient transportés sur une remorque de camion.

Sans cesse, je devais conduire du camp intérieur à la cour d'exécution. La nuit, je devais faire 10 voyages à intervalles d'environ 10 minutes. Pendant ces intervalles, j'assistais aux exécutions. Un des membres du détachement d'exécution, dont je n'ai jamais su le nom, m'a suggéré de faire fonctionner l'appareil. J'étais d'accord. Dans chaque intervalle, je tuais 8 à 10 personnes. Donc, en une nuit, je tuais 80 à 100 personnes. Durant les périodes d'exécutions, j'ai personnellement tué 2.400 à 3.000 prisonniers de guerre russes, certains d'entre eux que j'ai abattus avec un pistolet, et d'autres que j'ai tués avec l'appareil décrit ci-dessus. Une fois de plus, je répète que sur un total de 840.000 prisonniers de guerre russes, j'ai personnellement tué 2.400 à 3.000 personnes. J'ai moi-même exprimé le souhait de faire fonctionner cet appareil. Le fonctionnaire de la commission d'exécution ne pouvait pas me contraindre à le faire, parce qu'il n'était pas mon supérieur. Il n'y avait pas d'autres méthodes d'exécution en dehors de ça.

Je ne peux plus faire d'autres déclarations. J'ai tout décrit. Si je me souviens de quelque chose plus tard, je le rapporterais volontairement.

J'ai compilé et rédigé le présent supplément moi-même, et je le confirme avec ma signature.

La signature est imprimée et la déclaration est imprimée en russe. C'est une traduction notariée. Paul Waldmann, Poznan, 10 juin 1945.

On peut également lire une note écrite à la main en russe, page 380 de mon livre :

Je confirme par la présente que ces documents sont des copies conformes aux originaux qui sont conservés parmi les actes de la Commission spéciale d'État à Moscou. Représentant autorisé de la Commission spéciale de l'État, D. Kuzmin, 7/1/1946. [Timbre] Commission spéciale de l'État.

On me demande souvent pourquoi je fais ces recherches et qu'elles sont mes motivations. Et je peux dire honnêtement que ce qui me motive plus que tout autre chose est l'amour du ridicule, le goût pour l'étrange, et puis en grandissant, j'ai développé une passion pour les bandes dessinées. Ma préférée, si je me souviens bien, était *Li'l Abner* [de Al Capp]. Il s'y passe toutes sortes d'aventures absurdes généralement basées sur des jeux de mots, par exemple, il y avait un *The Lizard of Oose [Wizard of Oz]*, the Bald Iggle [un hérisson chauve comme symbole national] et plusieurs autres animaux et créatures qui étaient simplement des jeux de mots tirés de ces histoires absurdes. Et depuis ce temps-là, vers le milieu des années 50, quand je n'avais rien de mieux à faire que de lire des bandes dessinées, je n'ai jamais rien entendu d'aussi absurde que les témoignages et les preuves de ces procès pour crimes de guerre et dans la littérature holocaustique.

Ces photographies sont à la page 226 de mon livre, *Made In Russia: The Holocaust*. Ce sont toutes les deux des reproductions tirées du livre *Buchenwald*, publié par le *Club de l'Amical de Buchenwald du Luxembourg*. Le titre de leur livre est *Bunchenwald*.

Et il est assez facile de voir que l'homme, avec les lunettes au centre de la photo du dessus, a perdu du poids après sa libération de Buchenwald. Il a de toute évidence fait un régime drastique et a perdu environ 9 kg.

Sur la photo suivante on le voit alors qu'il est l'invité d'honneur d'un banquet.

Les noms de toutes les personnes sur la photo ci-dessus, sont mentionnés dans le livre *Bunchenwald* publié par *le Club de l'Amical de Buchenwald*. L'une d'entre elles, par exemple, vivait à Echternach.

Le Dr Kongs prétend avoir échappé à l'extermination en changeant l'étiquette avec son nom avec celle d'un cadavre.

Les *"Nazis"* exterminaient tous les docteurs le dernier jour avant de rendre le camp et le Dr Kongs prétend avoir échangé l'étiquette avec son nom avec celle d'un cadavre et les *"Nazis"* furent assez idiots pour brûler une autre personne pensant qu'il s'agissait du bien portant Dr Kongs.

Il se peut que le Dr Kongs croit en cette histoire. Il est fort possible que quelqu'un lui ait raconté que les *"Nazis"* exterminaient tous les docteurs. Il est fort possible qu'il ait échangé des étiquettes de nom sur un corps et bien sûr, il est évident que le corps fut incinéré plus tard, il est peut-être tout à fait sincère en répétant cette histoire qui l'un dans l'autre ne serait rien de plus qu'une supposition, plus des ouï-dire. Autant que je sache, il n'est apparu dans aucun procès en tant que témoin, de sorte qu'il n'a pas pu être contre-interrogé sur la base de ses croyances. Manifestement, sa croyance en la véracité de son histoire ne prouve pas en soi que son histoire soit vraie. Peut-être dit-il la vérité sur ce qu'il sait et sur ce dont il se souvient. Mais, j'ai des doutes à cause du régime drastique et de la perte d'environ 9 kg.

Ce n'est pas non plus le seul Luxembourgeois en surpoids à être revenu après une relocalisation ou une détention dans un camp de concentration.

Sur la photo ci-dessus, on voit des détenus luxembourgeois dans un camp de concentration, le 6 mai 1945 à Ebensee, Mauthausen. Cette photo provient des archives *Jean Majerus* du Club de l'Amical de Mauthausen du Luxembourg. J'espère que je ne serai pas accusé de haine envers les Luxembourgeois quand je dis que ces gens ont l'air de se porter très bien. On ne peut pas dire qu'ils sont tous en surpoids, sauf peut-être celui-ci (debout au centre de cette photo), possiblement de quelques kilos. Mais ils ne montrent à tout le moins aucun signe de mauvais traitement.

Voici l'article du journal d'où a été extraite la photographie précédente. Cet article a été publié dans le plus grand journal luxembourgeois *Le Luxemburger Wort* le 4 mai 1985.

Ces deux photographies proviennent des archives *Jean Majerus* du Club de l'Amical de Mauthausen du Luxembourg. J'ai reproduit ces deux photos dans mon livre, p.215 et p.217. Elles montrent des détenus de camp de concentration luxembourgeois en bonne santé.

Sur la photographie suivante, les mêmes personnes posent en arrière-plan avec des squelettes ambulants [à l'avant-plan]. Les squelettes ambulants ne sont apparemment pas luxembourgeois. Je dois préciser que ces hommes furent photographiés non pas parce qu'ils étaient en santé, mais parce qu'ils étaient Luxembourgeois. Je dois supposer que s'il s'était agi de Luxembourgeois malades ils auraient été inclus sur la photographie.

Jean Majerus était le détenu de camp de concentration numéro 131.455. Selon cet article dans lequel il parle de l'enfer du camp de concentration ainsi que des mauvais traitements et des tortures et le chapelet

d'autres accusations qui nous sont si familières. Il semble étonnant qu'il ne vienne pas à l'esprit des gens que les photographies contredisent le texte. Et le texte contredit les photographies. Cela se produit assez souvent.

Ce sont les mêmes hommes en arrière-plan qu'on a vu précédemment posant devant la locomotive. Les hommes à l'avant-plan, comme je l'ai dit, ne sont manifestement pas Luxembourgeois et souffrent manifestement d'une maladie quelconque, ou alors ils n'étaient pas nourris comme les autres. J'espère que personne ne m'accusera de penser que les personnes à l'avant-plan sont affamées et que ceux à l'arrière-plan ont mangé toute leur nourriture. Notez que le troisième homme à partir de la droite, est légèrement enrobé et qu'il pourrait aisément perdre environ 4 à 6 kg.

Sur la page suivante, une photo (p. 222 de mon livre) de Luxembourgeois revenant d'un Umsiedlungslager qui n'était pas un camp de concentration, c'était un camp de travail à sécurité minimale, pour les gens considérés comme étant politiquement peu fiables.

Et cela pourrait paraître sans rapport à nos considérations, sauf que le mot Umsiedlung ou relocalisation est constamment cité comme le terme diaboliquement intelligent destiné à camoufler le plan d'extermination. Par conséquent, si tous ceux qui étaient *"umgesiedelt"* étaient exterminés, alors nous avons sous les yeux tout un groupe de gens exterminés.

Au moins trois ou quatre de ces personnes sont elles aussi quelque peu enrobées. Ils reviennent de Unterwellenborn-Saalfeld Umsiedlungslager de Thüringen.

Heimkehr: 22. Mai 1945

Sur cette photographie, qui est également visible à la page 223 de mon livre, ces personnes sont dans un Umsiedlungslager, dans le Gouvernement général, la section allemande de Pologne, elles sourient et semblent être en bonne santé.

Je vous montre ceci pour ne pas être accusé d'avoir fabriqué ces photos ou bien que je les ai prises moi-même ou de les avoir prises ailleurs, ce sont tous des Luxembourgeois, qui furent déportés depuis le Luxembourg parce qu'ils étaient politiquement peu fiables et ils ont passé une grande partie de la guerre dans différents camps. L'Allemagne et le Gouvernement général en comptaient 700 de ces camps, certains très petits.

Ce qui m'étonne c'est la bonne santé apparente et l'enjouement évident de tous ces gens. Il se peut que quelque part il existe des photos de Luxembourgeois à l'air misérable, malade et affamé mais je ne les ai pas vues. Toutes les photos de Luxembourgeois que j'ai vues, dans des livres et journaux luxembourgeois montrent des personnes en parfaite santé.

Ci-dessous, une autre photographie issue des archives *Jean Majerus* du Club de l'Amical de Mauthausen du Luxembourg.

Page suivante, la photo (p. 220 de mon livre) d'où est extrait cet agrandissement, ces deux agrandissements et les autres photos sont reproduits dans mon livre.

À l'arrière on peut voir ce qui semble être le plongeoir d'une piscine, avec ces deux détenus de camp de concentration (deuxième et troisième hommes à partir de la gauche, 2nd rang), tous les deux sont Luxembourgeois encore une fois les mêmes hommes que nous avons vus posant sur la locomotive, dans leurs uniformes de camp de concentration.

Celui-ci (4ème homme à partir de la gauche au 2nd rang) semble porter une montre au poignet et semble tenir une petite serviette. Je ne sais pas s'il vient d'aller se baigner. Peut-être que certains parmi les autres, auraient pu perdre du poids s'ils avaient nagé plus souvent. Je ne peux pas affirmer avec certitude qu'il s'agisse du plongeoir d'une piscine, peut-être s'agit-il d'un instrument de torture. Peut-être que les *"Nazis"* forçaient tout le monde à marcher sur la planche et à sauter dans la piscine. Je ne sais pas. Ce que je veux dire, c'est que cela apparaît à la vue de tous, à l'arrière d'une photographie montrant des détenus luxembourgeois dans un camp de concentration à Ebensee, Mauthausen le 6 mai 1945. Des personnes en parfaite santé.

On peut voir 4 montres de poignet sur cette photo ou 3 si vous pensez que l'une d'entre elles n'est pas très visible, ainsi que cet objet étrange à l'arrière-plan. S'il s'agit d'une piscine, je ne peux bien sûr pas garantir qu'ils aient été autorisés à y nager. Je ne sais pas, je n'en ai aucune idée. Mais ces gens sont de toute évidence en bonne santé.

Ceci (voir vidéo) est une reproduction d'un article de journal parut le 10 avril 1988, dans le *Manchester Gardian*, et intitulé *"La vérité sur les chambres à gaz. J'ai vu les preuves qu'avaient l'homme qui les supervisait."*

Un examen approfondi de cet article montre que les phrases qui suivent apparaissent à plusieurs reprises, je les ai comptées :

- *"rien à voir avec ça"* (apparaît 4 fois) ;

- *"n'a pas pris part"* (apparaît 2 fois) ;

- *"ne les ai pas vues"* (apparaît 1 fois) ;

- *"totalement innocent"* (apparaît 1 fois) ;

- *"n'a rien admis"* (apparaît 1 fois) ;

- *"ne les a pas gazés"* (apparaît 2 fois) ;

- *"jamais en difficulté"* (apparaît 1 fois) ;

- *"permission de vivre en paix 14 ans"* (apparaît 1 fois) ; (Il a dit qu'il a pu vivre en paix pendant 14 ans, après qu'il ait dit ce qu'on attendait de lui.)

- *"espérant être acquitté"* (apparaît 1 fois).

Manifestement, cet article est composé de ouï-dire de troisième ou quatrième main exprimant des hypothèses et des conjectures et des conclusions sans faits sous-jacents. Il est composé simplement d'assertions répétées selon lesquelles les chambres à gaz ont existé. Cet article n'est pas une preuve et ne contient pas les déclarations des hommes qui les ont dirigées. Mais c'est un exemple des prétendues *"preuves"* que les médias de masse semblent considérer comme telles.

Page suivante, la couverture du document *USSR-8* connu aussi sous le nom document *008-URSS*, sans doute le plus connu des rapports de crimes de guerre qui existent sur le camp d'Auschwitz, c'est la source de la plupart des histoires qu'on nous raconte sur Auschwitz. Et dans tous les procès de crimes de guerre, les avis judiciaires se fondent sur de tels documents. Toutefois, il ne s'agit que de rapports contenant des conclusions sans aucune preuve ou document sous-jacents. Il existe plusieurs douzaine de ces rapports de crimes de guerre soviétiques. Vraiment plusieurs douzaines, je ne les ai pas comptés. Ceux-ci sont tout simplement pris pour acquis, et les informations contenues ici sont homogénéisées et quelque peu nettoyées, les références sont supprimées et, sans qu'aucune source ne soit donnée, elles sont citées à l'envie, dans toutes sortes de livres publiés en Pologne, après la guerre et puis reproduites par d'autres écrivains dans l'Ouest, en Allemagne de l'Ouest et puis aux États-Unis, et ces documents sont la source de toutes sortes d'histoires d'atrocités qui sont considérées comme des faits.

Les juges de Nuremberg

Iona Timofeevich Nikitchenko (Soviétique) — Alexander Fedorovich Volchkov (Soviétique) — Geoffrey Justice Lawrence (Britannique) — William Normann Birkett (Britannique)

ПРОТОКОЛ № 56

ЗАСЕДАНИЯ

ЧРЕЗВЫЧАЙНОЙ ГОСУДАРСТВЕННОЙ КОМИССИИ

ПО УСТАНОВЛЕНИЮ И РАССЛЕДОВАНИЮ ЗЛОДЕЯНИЙ НЕМЕЦКО-ФАШИСТСКИХ ЗАХВАТЧИКОВ И ИХ СООБЩНИКОВ И ПРИЧИНЁННОГО ИМИ УЩЕРБА ГРАЖДАНАМ, КОЛХОЗАМ, ОБЩЕСТВЕННЫМ ОРГАНИЗАЦИЯМ, ГОСУДАРСТВЕННЫМ ПРЕДПРИЯТИЯМ И УЧРЕЖДЕНИЯМ СССР

от „6" мая 1945 г.

INTERNATIONAL MILITARY TRIBUNAL
NURNBERG, GERMANY
USSR Exhibit 8
Filed Feb 18, 1946

Экз. № 3

А 080306

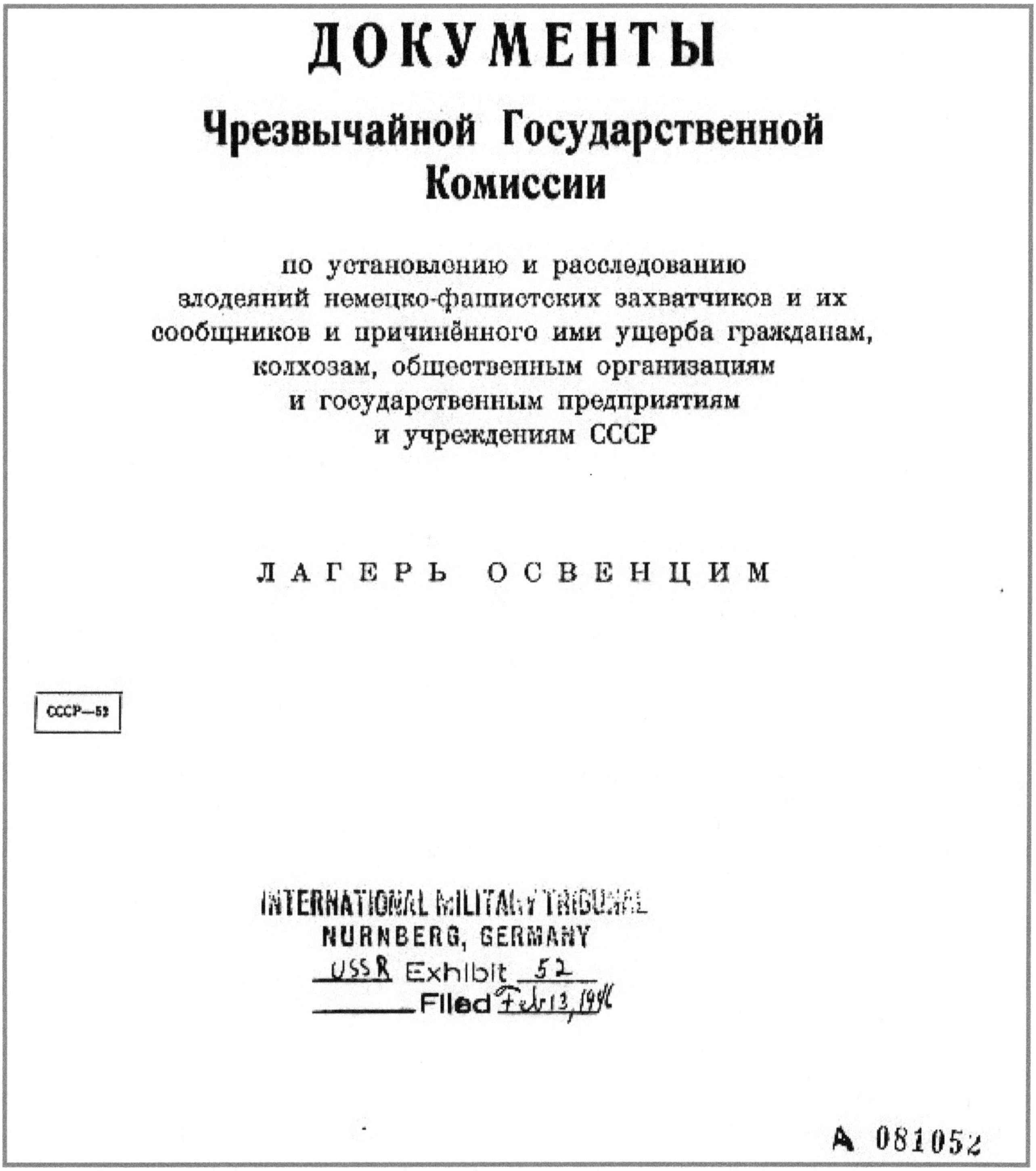

ДОКУМЕНТЫ

Чрезвычайной Государственной Комиссии

по установлению и расследованию
злодеяний немецко-фашистских захватчиков и их
сообщников и причинённого ими ущерба гражданам,
колхозам, общественным организациям
и государственным предприятиям
и учреждениям СССР

ЛАГЕРЬ ОСВЕНЦИМ

CCCP—52

INTERNATIONAL MILITARY TRIBUNAL
NURNBERG, GERMANY
USSR Exhibit 52
Filed Feb 13, 1946

A 081052

Ci-dessus, la page de couverture d'un autre rapport de crimes de guerre soviétique. Document *USSR-52* qui concerne également le camp d'Auschwitz. Toutefois, là où le document *USSR-8* est extrêmement bien connu, le document *USSR-52* est presque complètement inconnu.

Certaines parties de celui-ci sont très communément citées en détail. Par exemple, par Raul Hilberg.

Mais d'autres parties sont totalement oubliées. Par exemple, l'incroyable machine à pédale pour écraser le cerveau, dont il est question de la page 9 à la page 12, dans ce même rapport.

> В конце лета 1941 года зондеркомандой полиции безопасности, которая подчинялась непосредственно государственной канцелярии фюрера Адольфа Гитлера, в лагере Саксенхаузен было уничтожено 840 000 военнопленных русских. Об этой зондеракции я сообщу следующее.
>
> Русские военнопленные прибыли на вокзал Саксенхаузен в переполненных товарных поездах. Ежедневно приходило 8—10 составов, в каждом из них было 2800 человек. Итак, ежедневно поступало 28 000 русских военнопленных. Экзекуция продолжалась 30 дней. Была прервана потому, что разразился сыпной тиф. Лагерь был закрыт. Экзекуционная команда со своими устройствами покинула лагерь Саксенхаузен. Продолжалось ли уничтожение в каком-либо другом месте, я не слышал, так как я был посажен на карантин — подозрение на сыпной тиф.

Ci-dessus, un agrandissement d'une page du document *USSR-52*. C'est un extrait de la confession de Paul Waldmann, l'opérateur de l'incroyable machine à pédale pour écraser le cerveau, dans laquelle il raconte comment il a aidé à tuer 28.000 Russes par jour, avec son pied, il n'y avait qu'une pédale. Et j'aimerais que vous notiez que le chiffre 840.000 ou celui de 28.000, n'est pas une erreur. Le chiffre 840.000 apparaît pas moins de deux ou trois fois. 840.000 prisonniers furent tués selon cet extrait, 2.800 prisonniers dans chaque train, 28.000 prisonniers par jour.

Cela ne dit pas si les *"Nazis"* travaillaient 8 heures par jour, ou 16 heures par jour, ou s'ils étaient payés pour les heures supplémentaires. Mais si nous calculons le nombre de minutes contenues dans une journée, que ce soit 8 ou 16 heures, 28.000 indique que le travail était effectué très rapidement. En particulier, si l'on considère que la source d'énergie utilisée était juste un pied, pas deux, mais un. On doit se souvenir que Paul Waldmann était un membre de la S.S et a dû prouver son ascendance depuis 1750. Ainsi, à part le fait qu'il n'avait pas d'ancêtre juif, il était une sorte de surhomme celui auquel les gens pensent quand on entend parler de Nietzsche. Ici (voir vidéo), le chiffre 840.000 apparaît 2 fois.

Si certaines personnes ne font pas confiance en la traduction notariée, que j'ai imprimée dans mon livre, il est toujours possible de vérifier tous les autres chiffres. Ceci (voir vidéo) est la signature imprimée de Paul Waldmann. C'est comme ça que s'écrit *"Paul Waldmann"* en Russe.

En bas (voir vidéo), on voit le très commun et plutôt joli cachet de la commission des crimes de guerre de Moscou, avec la certification écrite à la main de D. Kuzmin, de la commission des crimes de guerre soviétiques, certifiant qu'il s'agit d'une vraie copie des documents originaux qui sont dans les dossiers de la commission des crimes de guerre soviétique à Moscou.

Je devrais sans doute mentionner que dans les procès de crimes de guerre, il n'est pas exigé que les documents originaux soient présentés. Des copies de copies et des photocopies certifiées, ainsi que de vraies copies certifiées re-dactylographiées. De vraies copies re-dactylographiées certifiées de miméographies, avec des signatures dactylographiées, des en-têtes dactylographiés, et toutes sortes d'autres documents qui ne valent rien sont tout simplement à l'ordre du jour.

Dans le procès de Tokyo, il fut expressément déclaré dans les règles de la preuve, que la preuve de l'émission [du document] ou de la signature n'était pas requise. Dans le procès de Nuremberg et dans tous les autres procès, c'est simplement un fait de leur procédure que la preuve de signature ou de l'émission [du document] n'est pas requise, pas plus que les documents originaux. Un cachet est tout à fait suffisant. Vous pouvez re-dactylographier tous les documents, un cachet à la fin certifiant que vous l'avez fait correctement suffit. Ces documents sont ensuite cités indéfiniment dans des milliers de livres, même s'il n'y a pas de preuve que ces documents originaux avec signature, cachet et tout le reste aient jamais existé.

Ici, je vais vous montrer deux documents et j'aimerais que vous me disiez quel est le dit document original et quelle est la falsification de ce même document. Est-ce le document A (ci-dessous), ou est-ce le document B (voir vidéo) ? Je vous ai simplifié la tache, en insérant un paragraphe qui est de toute évidence ridicule, nommément, *"Bonnet Blanc dit que Blanc Bonnet lui a brisé sa crécelle ; et Bonnet Blanc et Blanc Bonnet dirent : "Vidons cette querelle"."* Ceci est bien sûr, une copie certifiée conforme, je l'ai certifiée moi-même et vous êtes libre d'y croire ou pas.

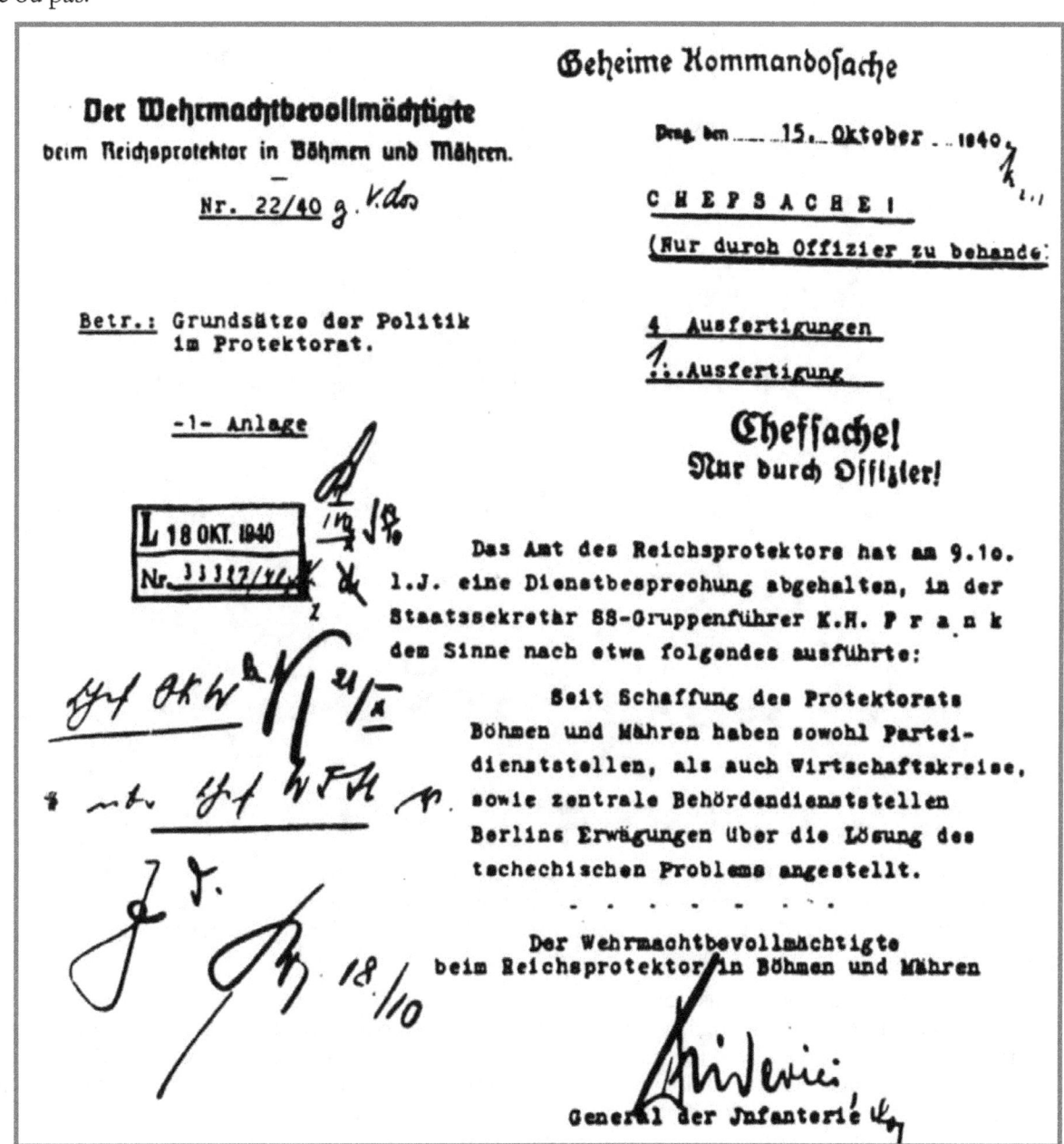

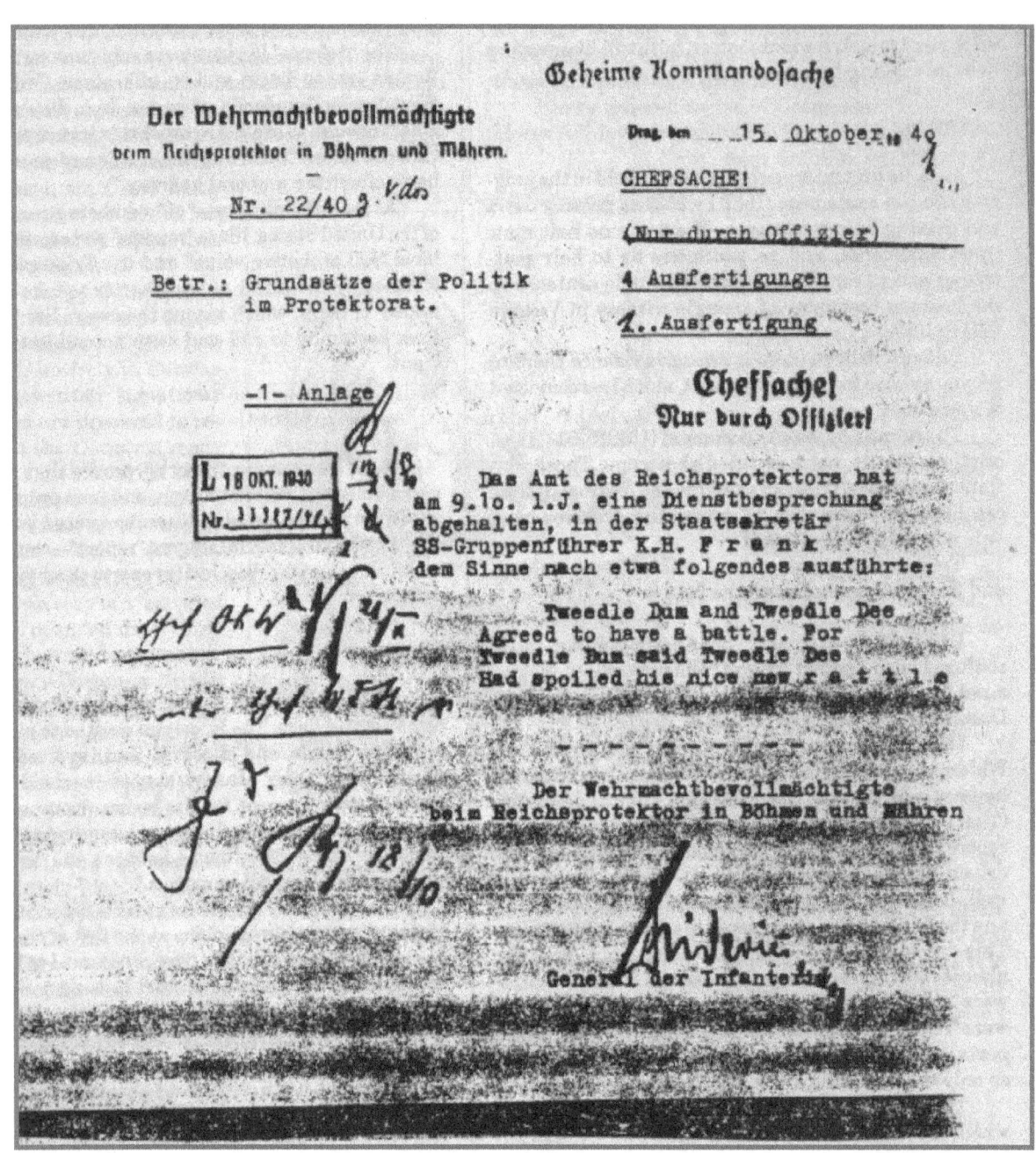

Bien sûr, dans la vraie vie tout n'est pas prouvé au moyen de documents douteux, indépendamment de toute autre considération, mais une copie certifiée conforme d'un document déclarant que les *"Nazis"* ont fait du coca-cola sur la Lune, serait acceptée comme preuve que les *"Nazis"* ont fait du Cola lunaire. Cette croyance sera retenue avec une insistance suicidaire d'un flagellant médiéval.

Je dois aussi souligner que de tels documents, c'est-à-dire des faux avec signatures réelles, cachets et en-têtes, sont assez inhabituels. Habituellement, le tout est dactylographié du début à la fin, ce que bien sûr, n'importe quel idiot peut faire avec une machine à écrire allemande. Parfois, il y a une initiale illisible ou la signature d'une personne plus ou moins connue, certifiant le document comme étant une copie conforme. Parfois, cela a été re-dactylographié par un Américain ou un Yougoslave ou un Tchèque ou un Polonais avec un beau cachet. Je vous en montrerai quelques-uns plus tard.

Sur la page précédente, il s'agit d'une sorte de copie maîtresse pour le précédent document qui est un faux. Vous pouvez voir que j'ai simplement pris une paire de ciseaux et coupé tous les cachets, les en-têtes, les signatures, les initiales et tout le reste et j'ai préparé une espèce de puzzle, qui ressemble à ça (voir document B dans la vidéo). À partir de là, je peux tout simplement dactylographier n'importe quel texte requis en utilisant une vieille machine à écrire. J'ai une machine à écrire *"Martin"* de la compagnie Adler-Triumph-Werke à Nuremberg, fabriquée en 1940 et bien sûr, étant donné qu'il n'y a aucune coupure visible sur la copie maîtresse, il n'y aura aucune coupure visible sur la copie falsifiée. Mais bien sûr, il est bien plus facile de simplement dactylographier le document complet du début jusqu'à la fin et de simplement apposer le mot *"Abschrift"* ou *"copie"* en haut de la page. C'est-à-dire qu'il n'y a pas d'en-tête, pas de signature, rien. Ce qui signifie que le document original est en lui-même une copie.

Ci-dessus, un très bel exemple de ce que l'on appel une *"copie certifiée conforme"*. Cela signifie en général que le document a été re-dactylographié généralement par un communiste, parfois par un Américain et que la signature est dactylographiée. Bien évidemment, l'original n'est jamais joint, à la dite copie. Mais il y a un très beau cachet. Dans ce cas-ci, d'un juge communiste de Pologne, Jan Sehn. Ainsi, on ne peut jamais être assuré que la citation de documents garantit l'existence de ceux-ci. Ceci par exemple, serait appelé un document original, si les archives nationales avaient en leur possession l'original de la copie re-dactylographiée certifiée conforme.

Voici un autre exemple du même principe (voir vidéo) : un document a été re-dactylographié, dans ce cas-ci par un anglophone, qui a oublié de tout dactylographié en allemand, avec une signature dactylographiée, deux en fait, une du prévenu Frick et l'autre du Dr Gürtner. Ceci (voir vidéo) est un extrait de l'annexe au document *USSR-93* qui est un rapport de crimes de guerre concernant le pillage d'objets d'art en Pologne, spécialement des bibliothèques. Le corps principal de ce document contient également des déclarations initiales de quelqu'un nommé Wiernik qui devint plus tard célèbre dans le procès de Demjanjuk. Ce Wiernik refait surface de temps à autre dans toutes sortes d'endroits et le corps principal de ce document russe est la source, en plus bien sûr, de la signature dactylographiée de sa déclaration, c'est l'annexe de lois qui furent prétendument votées par les Allemands. Selon la défense, au procès de Nuremberg, aucune loi de ce type ou directive ne fut jamais votée et ne se trouve nulle part dans *le bulletin législatif du Reich.* [Reich *Law* Gazette - *Reichsgesetzblatt*] Vous pouvez voir que cela a été re-dactylographié par un Américain ou un Britannique étant donné que le paragraphe 17 indique : *"Contient des détails concernant l'entrée en vigueur du dit décret."*

<u>**Abschrift.**</u>
<u>**Richtlinien,**</u>
<u>**für die Behandlung der Judenfrage.**</u>

<u>1.) Allgemeines.</u>

Die Zuständigkeit des mit der Endlösung der europäischen Judenfrage beauftragten Chefs der Sicherheitspolizei und des SD erstreckt sich auch auf die besetzten Ostgebiete. Dementsprechend sind die diesem nachgeordneten Dienststellen der Sicherheitspolizei für die Behandlung der Judenfrage in den besetzten Ostgebieten für ihren jeweiligen Bereich zuständig.

Das Judentum stellt in den einzelnen Reichskommissariaten und innerhalb dieser in den Generalkommissariaten einen sehr verschiedmen starken Anteil an der Gesamtbevölkerung. Z.B. leben in Weissruthenien und der Ukraine Millionen von Juden, die hier seit Generationen ansässig sind. In den zentralen Gebiet der UdSSR. dagegen sind die Juden zum weitaus grössten Teil erst in der bolschewistischen Zeit zugezogen. Eine besondere Gruppe stellen die im Gefolge der Roten Armee 1939 und 1940 nach Ostpolen, der Westukraine, West- Weissruthenien, den baltischen Ländern, Bessarabien und Buchenland eingedrungenen Sowjetjuden dar.

Alle Massnahmen zur Judenfrage in den besetzten Ostgebieten müssen unter dem Gesichtspunkt getroffen werden, dass die Judenfrage spätestens nach dem Kriege für ganz Europa generell gelöst werden wird. Sie sind daher als vorbereitende Teilmassnahmen anzulegen und bedürfen der Abstimmung mit den sonst auf diesem Gebiet getroffenen Entscheidungen. Dies gilt vordringlich für die Schaffung von zumindestens zeitweiligen Aufnahmenmöglichkeiten für Juden aus dem Reichsgebiet.

Ein etwaiges Vorgehen der örtlichen Zivilbevölkerung gegen die Juden ist nicht zu hin-

<u>dern</u>

Page précédente (qui se trouve à la p.408 de mon livre), nous avons ici un très bel exemple de ce qui est appelé un Photostat négatif d'une *"copie conforme"*.

Notez que le document est entièrement noir et que la typographie est blanche et ce petit mot *"Abschrift"*. *"Abschrift"* signifie qu'il n'y a pas d'en-tête, pas de signature, parfois il y a un cachet ou une initiale de quelqu'un qui n'est pas disponible pour un interrogatoire, ou pour un contre-interrogatoire.

Et bien sûr, s'il n'y avait que quelques documents comme celui-ci, il n'y aurait aucun problème. Mais le problème, c'est qu'ils sont pratiquement tous comme ça (voir vidéo pour plus d'exemples). Je peux vous assurer que c'est ce à quoi les documents - pratiquement tous les documents - ressemblent.

Ils sont irrecevables. Ce sont des *"Abschrift"* ou si vous préférez des copies. Sans aucun en-tête, sans aucune signature. Personne ne peut trouver les *"Abschrift"* originaux. Ce sont principalement des Photostats négatifs. Parfois des Photostats positifs.

Et je peux vous faire part de mon expérience personnelle : je suis allé à la Haye, là où sont supposément les originaux et j'ai obtenu des photocopies de tous les documents portant sur les atrocités mentionnées dans les chapitres sur les camps de concentration du livre *Le Troisième Reich : des origines à la chute*. Tous les documents cités par William L. Shirer dans ce chapitre sur les camps de la mort, et les camps de concentration, etc. ressemblent à ça.

Tous les originaux des documents sont supposés se trouver à la Haye, mais ce n'est pas le cas, ils ne les ont pas, ils ont ce genre de foutaise.

Sur la page suivante, il s'agit de la dernière page où devrait se trouver la signature du document précédent. Vous pouvez voir que c'est de la foutaise du début à la fin.

Malheureusement, c'est tout à fait typique.

Les juges de Nuremberg

Francis Beverley Biddle (Américain)

John Johnston Parker (Américain)

Henri Donnedieu de Vabres (Français)

Robert Falco (Français)

für die Holz-, Strohschuh-, Besen- und Bürstenerzeugung u. dergl. innerhalb des Ghettos ist gleichfalls nichts einzuwenden.

Beim jüdischen Arbeitseinsatz ist jedoch stets zu beachten, dass die jüdische Arbeitskraft nur in jenen Produktionszweigen angesetzt wird, die eine spätere, schnelle Abziehung dieser Arbeitskräfte ohne erhebliche Störung vertragen und eine Spezialisierung jüdischer Arbeiter ausschliessen. Auf jeden Fall ist zu verhindern, dass jüdische Arbeiter in lebenswichtigen Produktionszweigen unentbehrlich werden.

6.) Verstösse.

Verstösse gegen deutsche Massnahmen, insbesondere die Entziehung vom Arbeitszwang, sind bei Juden grundsätzlich mit der Todesstrafe zu ahnden. Hierfür sind die Standgerichte ausschliesslich zuständig.

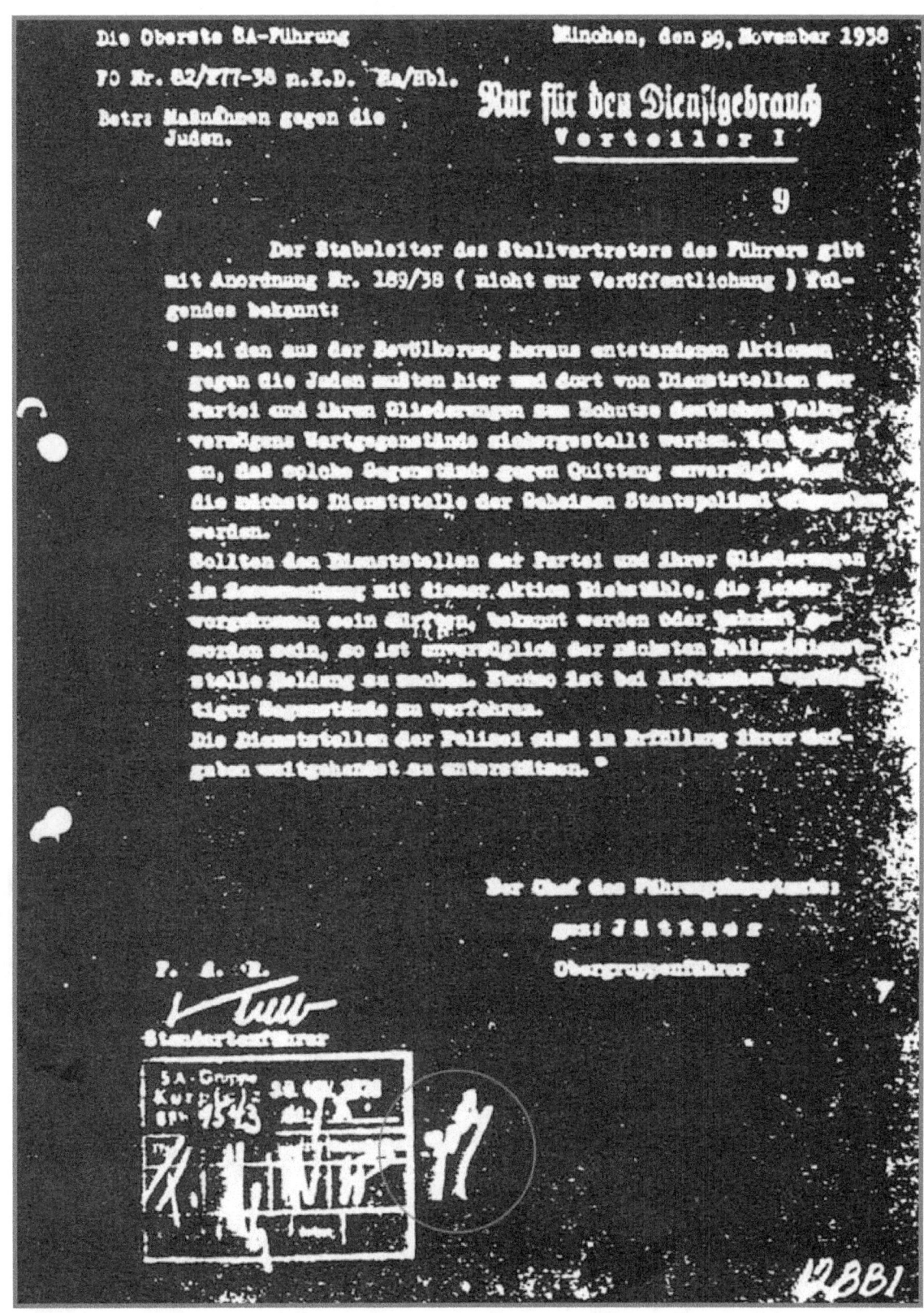

Ci-dessus, un document extrêmement connu qui concerne la S.A. Il s'agit du document *1721-PS*. Il s'agit d'une falsification ou devrais-je dire que les pages 2 et 3 de ce document (voir pages 25 et 26 ci-après) sont falsifiées.

La page 1(précédente) est un document authentique, (voir p. 410 de mon livre).

Elle est signée par un officier de la S.A. nommé Jüttner qui est apparu comme témoin dans le volume 20 des transcriptions du procès de Nuremberg.

Ici (dans le cadre en bas à gauche du document précédent), ce sont les numéros de réception : des marques bureaucratiques sur les documents reçus, ce sont des initiales, et ces lettres (dans le cercle) sont les lettres *"z.d.A"* *"zu den Akten"* - *"À classer"*.

Page suivante, (p.411 de mon livre) il s'agit de la page 2 du document, les mêmes lettres *"z.d.A"* *"zu den Akten"* se retrouvent ici (dans le cercle en haut à droite du document). Elles sont une imitation plutôt évidente des lettres *"zdA"* de la page 1. Et je dois indiquer que dans les procès de crimes de guerre, il n'existe pas de témoignage d'expert. Il n'y a aucune interdiction de témoignage sur la base de ouï-dire non assermenté de la part de l'accusation. Au lieu de prouver que ces lettres *"zdA"* à la page 2 du document sont de la même écriture que les lettres *"zdA"* de la page 1 de celui-ci, ils l'ont simplement affirmé. Mr David Maxwell Fyfe a simplement affirmé que c'était la même écriture. Vous pouvez le vérifier par vous-même et décider s'il s'agit ou non de la même écriture.

Les Procureurs de Nuremberg

Roman Andreïevitch Roudenko (Soviétique) Hartley William Shawcross (Britannique) Robert Houghwout Jackson (Américain) François de Menthon (Français)

SA. der NSDAP.
Brigade 50 (Starkenburg)

Darmstadt, den 11. November 1938

An

SA-Gruppe Kurpfalz

Mannheim.

Am 10.11.1938 3 Uhr erreichte mich folgender Befehl:

"Auf Befehl des Gruppenführers sind sofort innerhalb der Brigade 50 sämtliche jüdischen Synagogen zu sprengen oder in Brand zu setzen. Nebenhäuser die von arischer Bevölkerung bewohnt werden dürfen nicht beschädigt werden. Die Aktion ist in Zivil auszuführen. Meutereien oder Plünderungen sind zu unterbinden. Vollzugsmeldung bis 8.30 Uhr an Brigadeführer oder Dienststelle."

Die Standartenführer wurden von mir sofort alarmiert und genauestens instruiert, und mit dem Vollzug sofort begonnen.

Ich melde hiermit, es wurden zerstört im Bereich der

Standarte 115

1.)	Synagoge in Darmstadt, Bleichstrasse	durch Brand zerstört
2.)	" " " Fuchsstrasse	Innenraum und
3.)	" " o./.Ramstadt	Einrichtung zertrümmert
4.)	" " Gräfenhausen	" "
5.)	" " Griesheim	" "
6.)	" " Pfungstadt	" "
7.)	" " Eberstadt	durch Brand zerstört

Standarte 145

1.)	Synagoge in Bensheim	durch Brand zerstört
2.)	" " Lorsch in Hessen	" "
2.)	" " Heppenheim	" " und Sprengung zerstört
3.)	" " Birkenau	durch Brand zerstört
4.)	Gebetshaus in Alsbach	" "
5.)	Versammlungsraum in Alsbach	" "
5.)	Synagoge in Rimbach	Inneneinrichtung vollst. zerstört.

Blatt 2 zum Schreiben 11.11.1938 der Brigade 50 (Starkenburg) an Gruppe Kurpfalz.

Standarte 168

1.) Synagoge in Seligenstadt   durch Brand zerstört
2.)   "   in Offenbach   "   "   "
3.)   "   in Klein-Krotzenburg   "   "   "
4.)   "   in Steinheim a/M   "   "   "
5.)   "   in Mühlheim a/M   "   "   "
6.)   "   in Sprendlingen   "   "   "
7.)   "   in Langen   "   "   "
8.)   "   in Egelsbach   "   "   "

Standarte 186

1.) Synagoge in Beerfelden   durch Sprengung zerstört
2.)   "   in Michelstadt   Inneneinrichtung zertrümmert
3.)   "   in König   "   "
4.)   "   in Höchst i/O.   "   "
5.)   "   in Gross-Umstadt   "   "
6.)   "   in Dieburg   "   "
7.)   "   in Babenhausen   "   "
8.)   "   in Gross-Bieberau   durch Brand zerstört
9.)   "   in Fränk. Crumbach   Inneneinrichtung zerstört
10.)   "   in Reichelsheim   "   "

Standarte 221

1.) Synagoge und Kappelle in Gr.Gerau   durch Brand zerstört
2.)   "   in Rüsselsheim   niedergerissen u. Inneneinrichtung zerstört
3.)   "   in Dornheim   Inneneinrichtung zerstört
4.)   "   in Wolfskehlen   "   "
5.)

Der Führer der Brigade 50 (Starkenburg)

Brigadeführer.

12883

Ci-dessus, (p. 412 de mon livre) se trouvent dans le petit cadre les initiales de réception. Il s'agit d'un faux plutôt évident des initiales du petit cadre qui se trouvent sur la page 1 du document. Je dois dire que c'est le seul document, à ma connaissance dans l'immédiat, sur lequel de vraies écritures manuscrites ont été falsifiées.

En général c'est plus amusant et beaucoup plus facile de préparer simplement un document entier avec une machine à écrire et écrire *"Abschrift"* au haut de la page. Pas besoin de voler des fournitures de bureau, pas besoin de cachet, en fait il ne faut rien. Juste du papier et une machine à écrire. Les archives nationales ont une photocopie positive de ce document, si j'ai bien compris, et ceci est une photocopie négative ou un Photostat de la Haye. C'est-à-dire, qu'il n'est pas possible de se procurer l'original et de regarder ce qui est écrit à la main.

Ce document est significatif pour plusieurs raisons, outre le fait qu'il s'agit d'une falsification d'écriture manuscrite, au lieu de la manipulation d'une machine à écrire ou d'un appareil photo ici vous voyez les marques qui sont falsifiées à la page 2 et 3. Ce document est également significatif car l'original est introuvable, bien qu'il ne soit pas allégué que ce soit une copie et aussi parce qu'il contient une phrase dans un allemand douteux en fait, plusieurs phrases d'un allemand douteux, et c'est tout simplement absurde pour la simple et bonne raison que la personne qui a écrit le document reproduit à la page 2 et 3 écrit un rapport qu'il s'adresse à lui-même. C'est un chef de groupe qui écrit une lettre au groupe sur la façon dont il exécute un ordre qui est cité mot pour mot dans la lettre elle-même.

Cela se retrouve parfois dans d'autres documents où il est jugé souhaitable de falsifier des textes qui seront cités. Par exemple, dans *Le Troisième Reich : des origines à la chute* William L. Shirer cite deux lettres sur les crématoires de camps de concentration. La deuxième est une copie certifiée conforme et la première est en fait rien d'autre qu'une citation d'un rapport de crimes de guerre soviétique *USSR-8*. Et Mr Shirer a falsifié son texte en en effaçant la moitié qui aurait révélée que la lettre est en fait rien de plus que la citation qui se trouve à l'intérieur d'une autre lettre, dans laquelle quelqu'un s'écrit une lettre à lui-même sur la façon dont il a reçu une lettre qu'il cite par la suite. Maintenant, si vous voulez y croire, libre à vous, je ne vous gazerais pas.

Ce document a fait l'objet de vastes témoignages à Nuremberg et tous les témoignages n'apparaissent pas dans les transcriptions du procès de Nuremberg. Les personnes qui souhaitent poursuivre le sujet peuvent consulter les pages 137 à la 141 du *volume 21 des transcriptions du procès de Nuremberg*. Les pages 195 à la page 198 du volume 21, les pages 425 du *volume 21* et dans le *volume 22* les pages 148 à la page 150. Voir aussi les témoignages de Fuß du 25 avril devant la commission de la cour et de Lücke le 7 mai 1946.

La commission nécessite un commentaire ou deux. La transcription de la commission contient les témoignages de 102 témoins concernant les dites *"organisations criminelles"*, la transcription comprend plusieurs milliers de pages, elle ne se trouve pas dans la transcription des procès de Nuremberg et les archives nationales n'en détiennent pas de copie. Ils n'en ont jamais entendu parler et ne savent pas de quoi il s'agit. Mais ces deux officiers de la S.A. ont comparu devant la commission et ont témoigné de façon intensive que l'ordre cité dans les pages 2 et 3 de ce document n'a jamais été donné, le témoin Jüttner a également témoigné dans ce sens. La défense a démoli la totalité de la procédure citant des ordres donnés par les Allemands. Il y a au moins cinq erreurs techniques différentes aux pages 2 et 3 de ce document qui sont prises au sérieux par toutes sortes de personnes.

Je n'ai pas connaissance de l'endroit où se trouve le texte complet de la transcription de la commission du tribunal, sous quelque forme accessible que ce soit. La Haye l'a. Malheureusement les pages ont été agrafées ensemble comprenant environ 40 pages brutes et 40 pages de copies propres, dans des dossiers, avec le nom du témoin sur le dossier. Et tout ceci remplit du sol au plafond, environ la moitié d'une chambre-forte à l'épreuve du feu. Je ne sais pas à l'heure actuelle, s'il existe une copie complète miméographiée de volumes disponibles afin de les étudier.

Sur ces 102 témoins, 29 d'entre eux furent autorisés de paraître devant le tribunal lui-même, mais bien évidemment leurs témoignages ne pouvaient être cumulatifs c'est-à-dire une répétition de leurs témoignages devant la commission. Il y avait également 312.022 affidavits qui se sont égarés quelque part, je ne sais pas où ils sont passés. Et les résumés préparés par la commission, X milliers d'affidavits alléguant des bons traitements des prisonniers. Les résumés furent présentés au tribunal lui-même, mais les résumés n'étaient pas une preuve. Ils ont dit qu'ils liraient les 312.022 affidavits et la transcription de la commission avant d'en arriver à leur verdict, 2 semaines plus tard, ils annoncèrent que rien de tout cela n'était vrai. Ils produisirent 8 ou 9 affidavits pour l'accusation, afin de réfuter les 312.022 affidavits pour la défense, puis ils ont produit 6 affidavits, afin de réfuter les témoignages des 29 témoins. Un de ces affidavits était en Polonais donc personne n'a pu le lire et bien sûr, la poursuite avait déjà clos l'affaire quand cela s'est produit.

Le fait est qu'il y a relativement peu de preuves de l'accusation de quelque nature que ce soit, la plupart d'entre elles sont totalement sans valeur. Mais il y a d'énormes quantités de preuves de la défense qui n'ont pas été étudiées, qui sont inconnues absolument inconnues du public. Autant que je sache, personne n'a jamais lu la transcription de la commission.

Ici (voir vidéo), un très beau document, qui fut le sujet de témoignages étendus et amusants à certains moments. C'est un faux qui a été retiré par l'accusation à Nuremberg. Présumément parce qu'elle espérait débattre de l'affaire sur des sources véritablement authentiques. Et ce qui est incroyable à propos du document, c'est qu'une telle chose aurait pu être considérée en première instance. Il s'agit de deux pages, ici (voir page suivante), la première page, bien sûr il s'agit d'une copie, sur du papier ordinaire avec signature dactylographiée. Le tout est dactylographié.

Appx "A" ~~Appendix to~~ 8AS029
Appx "C"

Abschrift

NSDAP - Gauleitung   Frankfurt-Main, den 15.3.45
Hessen-Nassau
Az. II/35/-B5768 g

An die Herren Kreisleiter des Gaues Hessen Nassau!

Betr.: Vorgehen seitens der Partei zur Inschachhaltung der
       Volksgenossen bis zum Kriegsende.

Bezug: Befehl der Parteikanzlei vom 10.2.45 geh.

Ich ersuche die Herren Kreisleiter bei der nächsten Dienstbesprechung
mit den Herren Ortsgruppenleitern folgendes zu besprechen und weise hiermit
gleichzeitig auf die Geheimhaltung und das radikale Vorgehen bei diesen Maßnahmen hin.

1. Jeder Volksgenosse muß einer strengen Kontrolle betr. seiner politischen Festigkeit und Willenskraft unterzogen werden.

2. Werden bei dieser Kontrolle Schwächlinge, d.h. Vg. die innerlich evtl. den Gedanken haben oder haben könnten, der Krieg geht verloren, für uns oder wir hören doch am besten auf zu kämpfen usw. so sind diese Vg. wieder mit neuer Kraft zu stärken und in ihnen wieder der Glaube an Adolf Hitler zu erwecken.

3. Werden Vg. festgestellt, die verbreiten, daß der Krieg für uns verloren sei und wir kurz davor stehen, so ist mit allen Mitteln diesem Gerücht entgegenzutreten.
   Die Herren Kreisleiter sollen sich diese Vg. melden lassen und solche nach der Lage des Gerichts bei der Gestapo die Verhaftung durch die Gestapo beantragen.
   Ich halte hier und da eine Verhaftung oder die Zuführung einiger Vg. ins KZ. als die geeignete Maßnahme zur Beseitigung der Gerüchteverbreiter.-

4. Die Herren Ortsgruppenleiter müssen unbedingt jeden Vg. in Schach halten und müssen unbedingt dafür sorgen, daß jeder den Kopf hoch hält bis zur letzten Stunde, denn wenn hinter der Front der Mut und die Wut gegen die Feinde sinkt, dann geht der Krieg für uns verloren.

5. Daß unsere Feinde auch noch über den Rhein und in unser Gaugebiet kommen, ist mir klar, aber ganz Groß-Deutschland werden sie nicht besiegen und den Nationalsozialismus erst recht nicht.

6. Die Herren Kreisleiter erhalten die strenge und geheime Anweisung, sich bei Annäherung des Feindes in jedem Gebiet, in die Mitte von Groß-Deutschland zurückzuziehen.
   Sämtliche Akten, insbesondere die Geheimakten, sind restlos zu vernichten. Unter allen Umständen müssen vernichtet werden, die Geheimakten über den Aufbau nach dem Kriege, Säuberung unter den Pg., die Verwaltung, Erweiterung, Einrichtungen und Abschreckungsarbeiten in den KZ. Ausrottung verschiedener Familien usw. Diese Akten dürfen unter keinen Umständen in die Hände der Feinde fallen, da es sich schon um Geheimbefehle des Führers handelt.

Ich gebe auch hiermit den Befehl, Vg. die sich bei Annäherung des Feindes nicht verteidigen oder die Flucht ergreifen wollen, rücksichtslos mit der Waffe niederzuschießen oder wenn es angebracht ist, zur Abschreckung der Bevölkerung mit dem Strang hinzurichten.

                                                gez. Sprenger
"Kolossal"   Gauleiter und Reichsverteidigungskommi

App. "A"

Abschrift

An die Herren Kreisleiter des Gaues Hessen-Nassau

Az.I/B 37869/B

Betr.: Besprechung im Führerhauptquartier über Maßnahmen, die noch bis zum Kriegsende durchzuführen sind und solche, die nach siegreichem Kriegsende schnellstens durchgeführt werden müssen.

1. Volksgesundheit!

Nach Abschluß der Völksröntgenuntersuchung ist dem Führer eine Aufstellung über die kranken Personen, insbesondere Lungen- und Herzkranke vorzulegen.

Auf Grund des neuen Reichsgesundheitsgesetzes, was vorerst noch geheim behalten wird, werden diese Familien nicht mehr in der Öffentlichkeit bleiben können und dürfen keine Nachkommen mehr erzeugen. Was mit diesen Familien geschieht, wird noch durch den Führer angeordnet. Die Gauleiter sollen Vorschläge machen.

2. Die Partei als Vorbild der Arbeit!

Sämtliche Vg. die in guter öffentlicher oder privater Stellung stehen, müssen, soweit möglich, unter allen Umständen aus diesen Stellungen verdrückt werden und durch Pg. ersetzt werden. Es wird in Kürze eine Wehrmachtsaustauschaktion mit Pg. und Vg. durchgeführt werden. Jetzt schon sind die Namen der Nichtparteimitglieder, die evtl. für die Wehrmacht in Frage kämen und gegen Austausch von Pg. einberufen werden sollen, den WBK zumelden. Die Parteigenossen, die nach siegreichem Kriegsende den Grundstein Groß-Deutschland geben sollen, sind bis zur letzten Stunde von der Front zurückzuhalten. Pg. die nicht einwandfrei sind, sind freizugeben.

3. Gerichtlichkeiten!

Sämtliche Pg. dürfen nicht vor Gericht gestellt werden. Die Verhandlungen bei evtl. Strafsachen sind durch die Kreisleitungen durchzuführen. Die Pg. sind unter allen Umständen freizuarbeiten, selbst wenn sie die Beschuldigten sind. Das Ansehen der Partei darf nach außen hin unter keinen Umständen geschädigt werden, da die Partei das Vorbild ist und bleibt. Zu beschuldigen sind immer die Volksgenossen. Dem Ausland gegenüber muß immer eine feste Partei, die nie zersplittert werden kann und dessen Führerkorps und Pg. die Einigkeit selbst sind, gezeigt werden.

4. Versorgungswirtschaft!

Der Führer hat nochmals darauf hingewiesen, daß die besonderen wöchentlichen Lebensmittelkarten streng geheim zu handhaben sind und immer an anderen Stellen der Einkauf vorzunehmen ist. Die Karten werden in Zukunft durch die Gauleiter zugeteilt.

Es treten noch wöchentliche Erhöhungen für die Parteiführerschaft in Kürze ein:

Fleisch ca. 125o g und Fett ca. 5oo g.

Die Ortsgruppenleiter, die nicht zu den Selbstversorgern zählen, können bei den Kreisleitungen auch Beantragungen vornehmen. Auf strenge Geheimhaltung weise ich nochmals hin.

Sprenger
Gauleiter

B 039888

Voici la page 2, (p.413 de mon livre). Si je me souviens bien, il s'agit du document *D-728*.

Il y a plusieurs petites erreurs qui ont été commises par celui qui a préparé ce faux. Par exemple, *"Gerichtlichkeiten"*. Les Allemands pourront me dire si c'est en bon allemand ou pas. Il y contient aussi la phrase : *"An die Herren Kreisleiter"* Ceci bien sûr n'est pas tout à fait exact. Et en fait, plusieurs documents utilisés comme preuve comportent toutes sortes de petites erreurs bureaucratiques : des références qui sont erronées, ainsi que des marques bureaucratiques et des chiffres d'entrée qui sont erronés, toutes sortes de choses qui ne sautent pas immédiatement aux yeux. Ici, il s'agit en particulier de *"An die Herren Kreisleiter"* et de *"Gerichtlichkeiten"*. Le *"Abschrift"* et la signature dactylographiée de Sprenger qui était en principe allemand et qui connaissait donc suffisamment l'allemand pour le parler correctement. C'est si commun que si nous ne pouvons pas affirmer que les autres documents sont faux sur la base de *"Abschrift"* et de Sprenger etc. Le problème c'est qu'ils sont tout simplement sans valeur pour prouver quoi que ce soit, qu'ils soient faux ou pas.

Un procès sur la base de documents, lors de procès pour crimes de guerre, fonctionne approximativement de la manière suivante :

"A" est une personne inconnue.

"A" écoute les déclarations orales de *"B"* et prend des notes ou prépare un document sur la base de ces déclarations orales.

Le document est alors introduit comme preuve non pas contre *"A"*, qui a préparé la copie, mais contre *"B"*, *"C"*, *"D"*, *"E"* et tout un tas d'autres personnes, bien qu'il n'y ait rien qui les relies entre elles, au document ou à la prétendue déclaration.

Il est simplement établi comme un fait que *"B"* a dit, ou que *"C"* et *"D"* ont fait ou que *"E"* savait. Ce qui est contraire aux règles de la preuve de tout pays civilisé.

Sur la page suivante, un très très beau document qui n'a pas été retiré par l'accusation. En fait, je ne connais que deux documents qui le furent. J'en ai reproduit un autre à la page 407 de mon livre, avec la légende : *"Ce document est un faux qui fut retiré par l'accusation. Qui l'a falsifié et pourquoi ?"* Maintenant, voici mon petit secret, quand les gens commencent à me traiter de tous les noms d'oiseaux, tels que sectaire, fasciste, haineux, nazi, menteur, falsificateur de l'histoire, et vous pouvez insérer votre insulte favorite. Je supposerai simplement que ces gens connaissent mieux le sujet que moi et qu'ils peuvent répondre à cette question. En attendant, je sais, à eux de deviner.

Ce document est le *document USSR-470* qui fut utilisé comme preuve contre Keitel. Bien évidemment ils ne l'ont pas montré à Keitel, ils l'ont montré à Jodl. Et ils lui ont demandé ce qu'il en pensait. Jodl leur a dit que c'était complètement ridicule et leur a demandé pourquoi ils ne demandaient pas à Keitel. Puis Keitel est arrivé et ils ne s'en sont pas servis. Maintenant, vous voyez que c'est entièrement écrit en serbo-croate, avec une signature dactylographiée par Keitel. Toutefois, il ne fut pas allégué que Keitel pouvait lire ou écrire le serbo-croate. Il fut allégué - et je vais vous le montrer dans un instant - il fut allégué que ceci était une traduction en serbo-croate d'un document allemand que les Serbo-Croates n'ont pas trouvé.

Evidemment, ce n'est pas un document original, ni même une copie dans le sens d'une copie originale c'est-à-dire un *"Abschrift"* qui est entièrement dactylographiée. C'est une copie différente, vous voyez c'est différent.

4. GORSKA PUKOVNIJA
K.broj 520/taj.
Pakrac 6 listopada 1943.

PREDMET: Postupak sa zarobljenicima.-

I.,II.i III.-XI.Ust.-bojni.
13.sati lakih pjes.topova.
15.stozernoj sati.
Sastavak.-

Zapovjedništvo 4.gorskog zdruga Odjel Ic sa brojem 91/taj.dostavilo je sliedeće:

Vrhovno zapovjedništvo oružanih snaga sa brojem 3408/taj.od 18.VIII.1943.
godine Odjel WFST.-Op.Hv.dostavilo je sliedeće:

Radi objašnjenja dvojbi koje su nastale za zapovješću o postupku prema zarobljenicima zarobljenim u borbama sa odmetničkim bandama na Istoku i Jugo-Istoku,
izdate su u sporazumu sa državnim zapovjednikom SS,postrojbe i glavarom Njemackog
redarstva sliedeće smjernice pod Br.4 ove zapovjedi:

1.- Kao sa ratnim zarobljenicima postupa se sa svim pripadnicima bandi koji
su u neprijateljskim uniformama ili u civilu sa borbe pre-
dali ili bili zarobljeni.Zapovjedno poglavarstvo ili njemu vojno zapovjedništvo
odredit će po volji prema svagdašnjim prilikama,dali će se postupati sa zarobljenim
osobama na neposrednom ratnom borbenom području-kao sa ratnim zarobljenicima ili ne,
a kojima se nemože dokazati nikakva borbena djelatnost protiv nas, ali su osumnjičeni
kao banditski pomagači.

2.- Od postupka kao sa ratnim zarobljenicima izuzimaju se:
a/ Pripadnici bandi koji su se bez borbe sa ili bez oružja-bez obzira
u kakvom odijelu-predali Njemačkoj ili kojoj savezničkoj vojsci.
S takovima se postupa kao sa prebjeglima:
b/ Pripadnici bande koji se zarobe u Njemačkoj ili koje savezničke vojske
uniformi- na prebjezi - takvi se nakon potrebnog ispitivanja strijeljaju.

3.- U naročito podmuklim prestupcima -djelatnostima- bandita i njihovih
pomagača, su zapovjednici u rangu najmanje zapovjednici divizija opunomoćeni narediti
da se nikto ne zarobljava t.j. da se zarobljenici i pučanstvo na području borbe smije
strijeljati.

Bez naročitih zapovjedi rukuje mjesni zapovjednik na vlastitu odgovornost.

Glavar vrhovnog zapovjedništva
oružanih snaga -general-pukovnik.
- K e i t e l - v.r.

Dodatak gl.zapovjednika Jugoistoka: Br.4 spoj glasi:

4.- Oni muški zarobljenici zarobljeni u borbama sa bandama na operativnom
području, vojnom području, na području Istočnog komesarijata generalnog guvernena i
Balkana u starosti od 16 do 55 godina smatrat će se u buduće ratnim zarobljenicima.
Isti vrijedi i za muškarce u novo osvojenim područjima istoka. Oni se mo-
raju dovesti u zarobljeničke logore i odavle otpremiti na rad u Njemačku.

Glavni zapovjednik Jugoistoka.
-OaKdo.H.Gr.F.-
Ia Id br.9543/taj.-

Preveo na Hrvatski sa Njemačkog: poručnik Vilec.
Prednje se dostavlja radi znanja.-

ZAPOVJEDNIK;PUKOVNIK:
/Julijo Fritz/
Fritz v.r.

Ci-dessous, une copie qui a été re-dactylographiée, encore une fois, c'est un très joli petit cachet en serbo-croate, et c'est le message d'un professeur nous disant que le document original en serbo-croate que les Serbo-Croates ont trouvé est en Yougoslavie, mais ils ne l'ont pas amené au tribunal à Nuremberg, ils ont amené la copie re-dactylographiée certifiée conforme, avec le cachet dessus et dans un moment je vais vous montrer le document qu'ils ont présenté à Jodl puisque Jodl ne pouvait pas lire le serbo-croate non plus.

```
II. BOJNA
IV. GORSKOG SDRUGA
Broj 1330/taj.-
Daruvar, dne 12.X.1943.-
                                    Zapovjednistvu 5.6.7.! 9.sati.- Na znanje.-

                                        ZAPOVJEDNIK;SATNIK:
                                              /Tolj/
6 SAT II. BOJNE 4 G.p.                         Tolj s.r.
IV. GORSKOG SDRUGA
Broj 212/taj.
Pakrac, dne 18-X-1943

Primljeno na znanje
    U spise
Zapovjednik Satnik
/Streicher Streicher/
  Streicher s.r.

        Ovim se potvrdjuje, da je ovaj prepis u svemu veran origi-
nalnom dokumentu, koji je zaplenjen u toku vojnih operacija, juna 1944 u Pa-
kracu, od strane Jugoslovenske Narodno-oslobodilacke vojske. Original se ču-
va u arhivi Drzavne komisije za utvrdjivanje zlocina okupatora i njihovih
pomagaca u Beogradu.

Beograd, 4 januara 1946.              Pretsednik
                                       Drzavne komisije,

                                     (Dr.Dusan Nedeljkovic)
                                       profesor Univerziteta.
```

Page suivante, le texte allemand du même document encore une fois avec la signature dactylographiée par Keitel ou la dite signature. Ce fut souligné, malheureusement pour l'accusation, que c'était plutôt absurde sur plusieurs plans que l'allemand n'était pas tout à fait juste et que tout était erroné et que c'était virtuellement faux du début à la fin. Mais ensuite, il fut découvert que ce n'était pas sensé être un document original et que ce n'était pas supposé être dans un allemand parfait, parce que c'était une traduction que les Serbo-Croates avaient faite d'après le document en serbo-croate qu'ils avaient découvert et qu'ils avaient ensuite re-dactylographié et qu'ils avaient laissé quelque part dans leurs archives. De sorte que nous devons assumer ou partir de l'hypothèse, si nous sommes les accusateurs dans ces procès, que les documents allemands originaux ont existé à un moment donné que les Allemands ont alors fait une traduction en serbo-croate, ont perdu les documents allemands originaux, vinrent alors les communistes yougoslaves, qui ont découvert les traductions en serbo-croate qu'ils avaient la chance de pouvoir lire, puis ils les ont traduits dans un très mauvais allemand avec toutes sortes d'erreurs. Tout le document fourmille d'erreurs, ces numéros romains, les chiffres, bref tout. Ensuite, il fut présenté à Nuremberg contre Jodl, qui bien sûr, n'avait rien à voir avec ce document, il ne l'avait jamais vu, et n'avait absolument rien à voir avec ce document et il ne fut pas présenter contre Keitel. La grande partie du document qui fut retenue contre Keitel est citée dans les rapports de crimes de guerre soviétiques, dans les jugements des tribunaux martiaux des procédures soviétiques, des copies certifiées conforme dactylographiées par les Russes, etc.

Uebersetzung aus dem Serbo-kroatischen

IV. Gebirgsregiment
K.Nr. 320/geheim

Pakrac, am 6.Oktober 1943

Betrifft: Behandlung von Gefangenen.

an das I.,II. und XI. Ustascaen Batallion
an die 13. Kompanie der leichten
            Infanteriegeschuetze
an die 15. Stabskompanie.

Die Kommandeure der IV.Gebirgsdivision, Abtl. Ic, stellte unter Nr.81/geheim folgendes zu:

Das Oberkommando der Wehrmacht stellte unter Nr.3408/geheim vom 18.8.1943, Abtl. WFST.- Ob.H. folgendes zu:

Zwecks Deutung der Unklarheiten die sich in Bezug auf den Befehl ueber das Verfahren gegen Gefangene, welche in den Kaempfen mit aufstaendischen Banden in Osten und Suedosten gefangen genommen wurden, werden im Einvernehmen mit dem Reichsfuehrer SS und dem Chef der deutschen Polizei unter Nr.4 folgende Richtlinien erlassen:

1. Jene Bandenangehoerigen die, in feindlichen Uniformen oder in Zivil im Kampfe sich ergeben haben oder gefangen genommen wurden, werden als Kriegsgefangene behandelt. Die hoehere oder oertliche militaerische Kommandostelle wird nach eigenem Ermessen, den jeweiligen Verhaeltnissen gemaess bestimmen, ob Personen die im unmittelbaren Kampfgebiet gefangen genommen wurden - als Kriegsgefangenen oder nicht als solche behandelt werden sollen, falls ihnen keine gegen uns gerichtete Kampftaetigkeit bewiesen werden kann, dieselben aber als Bandenhelfer verdaechtig sind.

2. Von der Behandlung als Kriegsgefangene sind folgende auszunehmen:
a/ Bandenangehoerige die sich kampflos, mit oder ohne Waffen, - ohne Ruecksicht auf ihre Kleidung - dem Deutschen oder einem verbuendeten Heer ergeben haben.
Solche werden als Ueberlaeufer behandelt.

b/ Bandenangehoerige die in deutschen oder verbuendeten Uniformen gefangen genommen wurden - keine Ueberlaeufer - werden nach notwendigem Verhoer erschossen.

3. In Faellen besonders hinterlistiger Vorgehen - Taetigkeiten - der Banditen und ihrer Helfershelfer, sind Befehlshaber zu mindest im Range von Divisionkommandeuren bevollmaechtigt anzuordnen, dass niemand gefangen genommen wird, d.h. dass die Gefangenen und die Bevoelkerung im Kampfgebiet erschossen werden darf.

Falls keine besonderen Befehle vorliegen, geht der oertliche Befehlshaber auf eigene Verantwortung vor.

Der Chef des Oberkommando der Wehrmacht

Keitel, e.h.
Generaloberst.

Ce document (voir vidéo) illustre un problème subtil dans les preuves de crimes de guerre. Et la question qu'elle soulève est : quand est-ce qu'une traduction n'en est pas une ? La réponse est qu'une traduction n'en est pas une quand la traduction est l'original et que l'original est la traduction. C'est une réponse. Qu'ils aient été traduits correctement et que toutes sortes de choses qui ne se trouvent pas dans l'original y aient été ajoutées est un autre problème. Je peux également vous donner des exemples là-dessus. Dans ce cas-ci (voir page suivante), un document a été écrit en anglais avec de nombreuses interprétations et ajouts. Il y a toutes sortes de notes écrites à la main, dans les marges il y a des phrases biffées, et des paragraphes écrits à la main, il y a deux brouillons différents de la page 4, deux différents brouillons de la page 5, ensuite, le document complet fut re-dactylographié en allemand, avec toutes les interprétations, les ajouts et les corrections, tout ceci inclus dans le texte et l'allemand était prétendument l'original, tandis que l'anglais était prétendument la traduction. Mais en observant le document, il est évident que l'anglais a été rédigé en premier. Le document est très long, il fait environ 25 pages et je ne vais pas vous le montrer entièrement. C'est un document très important et très intéressant.

C'est le document *NO - 1210* (ci-dessous) qui est une des nombreuses confessions de Rudolf Höss, dont les confessions sont censées prouver que les Allemands ont gazé des millions de juifs. Il y a une autre confession qui a disparu qui fut citée au tribunal le jour du poison d'avril, par Mr David Maxwell Fyfe qui n'a apparemment jamais existé. C'est à la page 389 dans le volume 10 des transcriptions du procès de Nuremberg. Et je vais vous montrer juste quelques pages de ce document, qui est le document *NO - 1210*.

Ici donc, il s'agit d'une page de ce même document, c'est une confession ou affidavit de Rudolf Höss celui qui a prétendument gazé des millions de juifs. Et nous verrons qu'il fut tout d'abord écrit en anglais et traduit plus tard en allemand. Ici (surligné en jaune), c'est une phrase qui dans le texte allemand a été intercalée (plus haut) dans la partie encadrée. Notez qu'il y a deux premiers brouillons différents de cette page, il y a un 4 et aussi un 5.

NO-1210

The second provisional plant had been destroyed. All clothing and property of prisoners was sorted out in the store by a commando of prisoners which was permanently employed there and was also billeted there. Valuables were sent monthly to the Reichsbank in BERLIN. Clothing was sent to armament firms, after having been cleaned, for the use of forced labour and displaced persons. Gold from teeth was melted down and sent monthly to the medical department of the Waffen SS. The man in charge was Sanitaetsfeldzeugmeister SS Gruppenfuhrer BLUMENREUTER. I personally never shot anybody or beat anybody. Owing to the mass intakes, the number of prisoners fit to work grew immensly. My protests to the RSHA to slow down the transports, which means to send fewer transports, was rejected every time. The reason given was the Reichsfuhrer SS had given an order to speed up extermination and every SS fuhrer hampering same will be called to account. Owing to the immense over-populating of existing barracks and owing to the inadequate hygienic installations, epidemic diseases, like spotted fever, typhus, scarlet fever and diphtheria, broke out from time to time, especially in camp BIRKENAU. Doctors came under the camp commandant from a military point of view. As far as medical decisions went they had their own routine and came under the Chef des Sanitatswesens des WVHauptamtes Standartenfuhrer Dr. LOLLING, who again came under Reichsarzt SS Obergruppenfuhrer Dr. GRAVITZ. In one respect the above mentioned rule has been broken. Local Gestapo leaders were given order by RSHA to get in touch with me. Prisoners which were kept in concentrations camps for the Gestapo and who have not been sentenced out of political reasons, were allowed to be removed by any other means. I received the names of the persons, personally, from the leader of the Gestapo and I passed them on again to the respective doctor, for finishing off. This, usually, was an injection of petrol. The doctor had orders to write an ordinary death certificate. Regarding the reason of the deaths, he could put any illness. During the time as Commandant we made the following experiments:

Professor / GLAUBERG, chief of the Womens Hospital, KONIGSHUTTE, in Upper Silesia, made sterilisation experiments. This was done as follows. He got in contact with the doctor of the womens camp to find him suitable persons. They were put in a special ward of the hospital. Under a special x-ray screen he gave them a syringe with a special liquid which went through the womb into the ovary. This liquid, as he said, definitely blocked the ovary and caused an inflamation. After a few weeks he gave them another injection which could tell him that the ovary was definitely blocked. Those experiments were made by order of the Reichsfuhrer SS.

Similar sterilization experiments on women were made by Doctor SCHUMACHER, a doctor of the Reichskanzlei, but his experiments were not successful.

Against spotted fever they had certain methods of lice. They took healthy but lousy persons which were wrapped in with certain stuff, one called Lausetto, which was made from horse dung. The results of it were recorded afterwards.

Doctor WIRTHS, Sturmbannfuhrer and Camp Doctor, looked for women with cancer in the beginning stage and operated on them. He worked on experiments of his brother which worked in an hospital in HAMBURG. He also put persons to death with prussic acid injections. Those people have been condemned to death by the Gestapo.

I also know during my work in Amtsgruppe D of activities of Professor Doctor SCHILLING from MUNICH and Doctor RASCHE, Stabsarzt der Luftwaffe, who put prisoners condemned to death under air pressure experiments to see how the human organs react. The same doctor also put people in cold water to see how long they can exist.

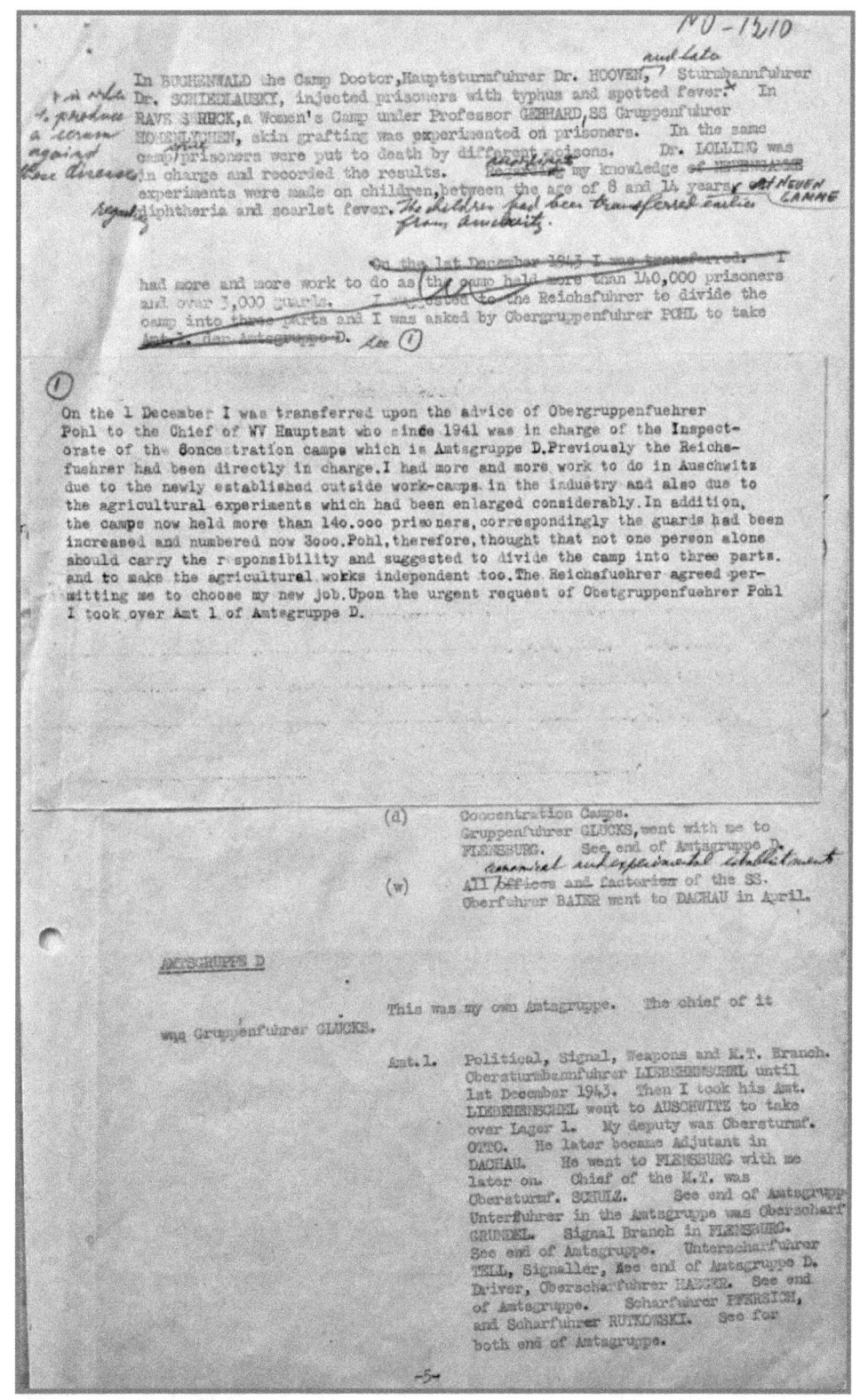

MO-1210

In BUCHENWALD the Camp Doctor, Hauptsturmfuhrer Dr. HOOVEN, and late Sturmbannfuhrer Dr. SCHIEDLAUSKY, injected prisoners with typhus and spotted fever.* In RAVENSBRUCK, a Women's Camp under Professor GEBHARD, SS Gruppenfuhrer HOHENLYCHEN, skin grafting was experimented on prisoners. In the same camp prisoners were put to death by different poisons. Dr. LOLLING was in charge and recorded the results. my knowledge of experiments were made on children, between the age of 8 and 14 years AT NEUEN LANNE diphtheria and scarlet fever. The children had been transferred earlier from Auschwitz.

On the 1st December 1943 I was transferred. I had more and more work to do as the camp held more than 140,000 prisoners and over 3,000 guards. I suggested to the Reichsfuhrer to divide the camp into three parts and I was asked by Obergruppenfuhrer POHL to take Amt 1 der Amtsgruppe D. See (1)

(1) On the 1 December I was transferred upon the advice of Obergruppenfuehrer Pohl to the Chief of WV Hauptamt who since 1941 was in charge of the Inspectorate of the Concentration camps which is Amtsgruppe D. Previously the Reichsfuehrer had been directly in charge. I had more and more work to do in Auschwitz due to the newly established outside work-camps in the industry and also due to the agricultural experiments which had been enlarged considerably. In addition, the camps now held more than 140.000 prisoners, correspondingly the guards had been increased and numbered now 3000. Pohl, therefore, thought that not one person alone should carry the responsibility and suggested to divide the camp into three parts, and to make the agricultural works independent too. The Reichsfuehrer agreed permitting me to choose my new job. Upon the urgent request of Obergruppenfuehrer Pohl I took over Amt 1 of Amtsgruppe D.

(d) Concentration Camps.
Gruppenfuhrer GLUCKS, went with me to FLENSBURG. See end of Amtsgruppe D.

(w) All Offices and factories of the SS.
Oberfuhrer BAIER went to DACHAU in April.

AMTSGRUPPE D

This was my own Amtsgruppe. The chief of it was Gruppenfuhrer GLUCKS.

Amt. 1. Political, Signal, Weapons and M.T. Branch. Obersturmbannfuhrer LIEBEHENSCHEL until 1st December 1943. Then I took his Amt. LIEBEHENSCHEL went to AUSCHWITZ to take over Lager 1. My deputy was Obersturmf. OTTO. He later became Adjutant in DACHAU. He went to FLENSBURG with me later on. Chief of the M.T. was Obersturmf. SCHULZ. See end of Amtsgruppe. Unterfuhrer in the Amtsgruppe was Oberscharf. GRIMPEL. Signal Branch in FLENSBURG. See end of Amtsgruppe. Unterscharfuhrer TELL, Signaller, See end of Amtsgruppe D. Driver, Oberscharfuhrer HAEGER. See end of Amtsgruppe. Scharfuhrer PFERSICH, and Scharfuhrer RUTKOWSKI. See for both end of Amtsgruppe.

-5-

Ici, c'est une version de la page 5 du même document. Vous pouvez voir ici que ça a été coupé et que ça continue sur une autre page.

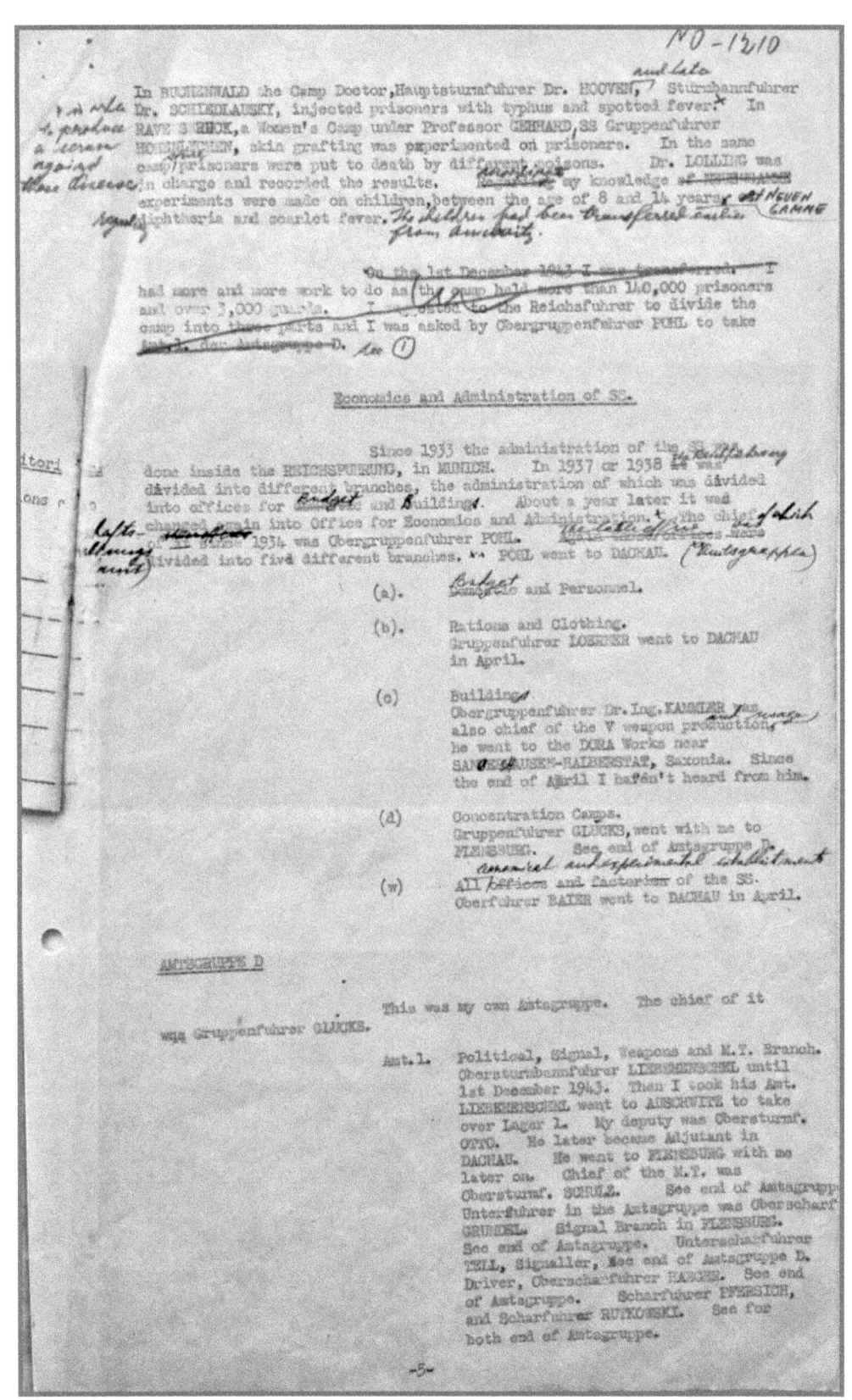

NO-1210

In BUCHENWALD the Camp Doctor, Hauptsturmfuhrer Dr. HOOVEN, and late Sturmbannfuhrer Dr. SCHIEDLAUSKY, injected prisoners with typhus and spotted fever. In RAVENSBRUCK, a Women's Camp under Professor GEBHARD, SS Gruppenfuhrer HOHBERGLEIN, skin grafting was experimented on prisoners. In the same camp prisoners were put to death by different poisons. Dr. LOLLING was in charge and recorded the results. To my knowledge experiments were made on children, between the age of 8 and 14 years at NEUEN GAMME diphtheria and scarlet fever. The children had been transferred earlier from Auschwitz.

had more and more work to do as the camp held more than 140,000 prisoners and over 3,000 guards. I ... the Reichsfuhrer to divide the camp into ... parts and I was asked by Obergruppenfuhrer POHL to take ...

Economics and Administration of SS.

Since 1933 the administration of the SS ... done inside the REICHSFUHRUNG, in MUNICH. In 1937 or 1938 it was divided into different branches, the administration of which was divided into offices for Budget and Buildings. About a year later it was changed again into Office for Economics and Administration. The chief of which in ... 1934 was Obergruppenfuhrer POHL. ... POHL went to DACHAU. (Amtsgruppe)
divided into five different branches.

(a). Budget and Personnel.

(b). Rations and Clothing.
Gruppenfuhrer LOERNER went to DACHAU in April.

(c) Buildings
Obergruppenfuhrer Dr. Ing. KAMMLER was also chief of the V weapon production, he went to the DORA Works near SANGERHAUSEN-HALBERSTAT, Saxonia. Since the end of April I haven't heard from him.

(d) Concentration Camps.
Gruppenfuhrer GLUCKS, went with me to FLENSBURG. See end of Amtsgruppe D.

(w) All offices and factories of the SS.
Oberfuhrer BAIER went to DACHAU in April.

AMTSGRUPPE D

This was my own Amtsgruppe. The chief of it was Gruppenfuhrer GLUCKS.

Amt.1. Political, Signal, Weapons and M.T. Branch.
Obersturmbannfuhrer LIEBEHENSCHEL until 1st December 1943. Then I took his Amt. LIEBEHENSCHEL went to AUSCHWITZ to take over Lager I. My deputy was Obersturmf. OTTO. He later became Adjutant in DACHAU. He went to FLENSBURG with me later on. Chief of the M.T. was Obersturmf. SCHULZ. See end of Amtsgruppe. Unterfuhrer in the Amtsgruppe was Oberscharf. GRUNDEL Signal Branch in FLENSBURG. See end of Amtsgruppe. Unterscharfuhrer TEIL, Signaller, see end of Amtsgruppe D. Driver, Oberscharfuhrer HARKE. See end of Amtsgruppe. Scharfuhrer PFERSICH, and Scharfuhrer RUTKOWSKI. See for both end of Amtsgruppe.

-5-

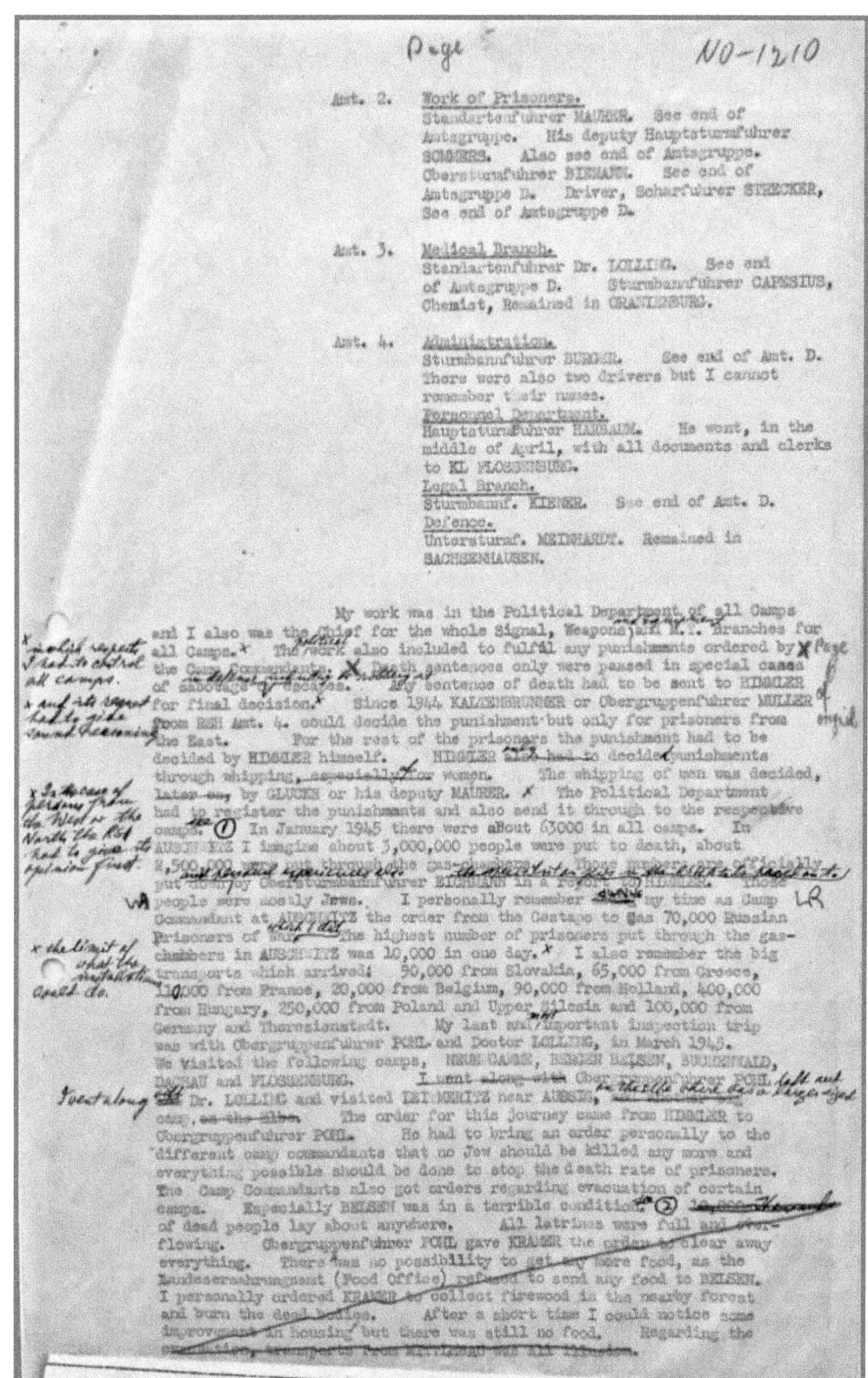

Une autre page encore, je ne sais pas s'il s'agit de la page 5 ou pas car il n'y a pas de numéro de page. C'est juste un exemple de la manière incroyablement peu soignée de faire tout ceci.

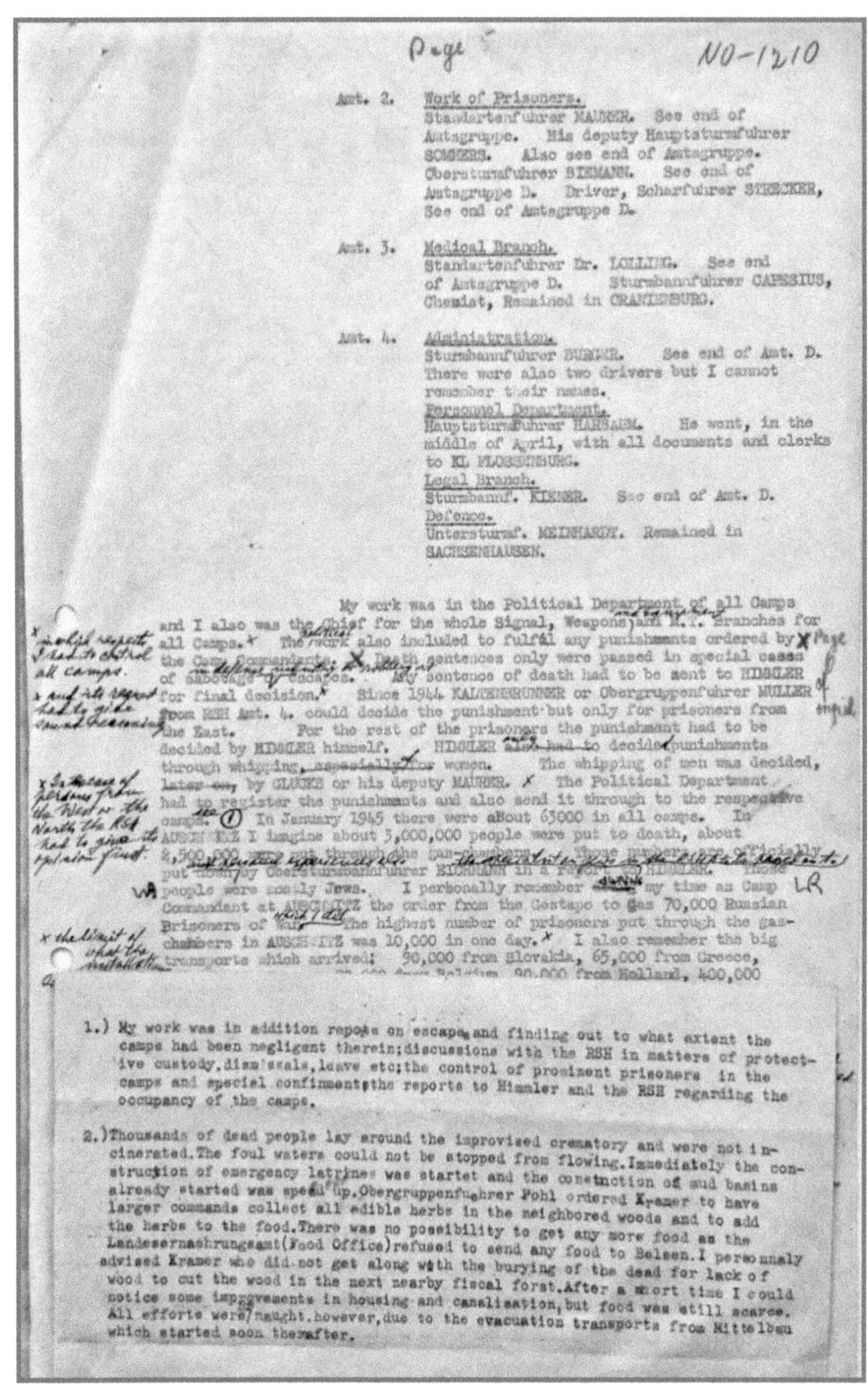

Encore une autre page 5, nous pouvons assumer que la page précédente devait aussi être la page 5. Ici, ça a été coupé, et une autre page a été collée par-dessus.

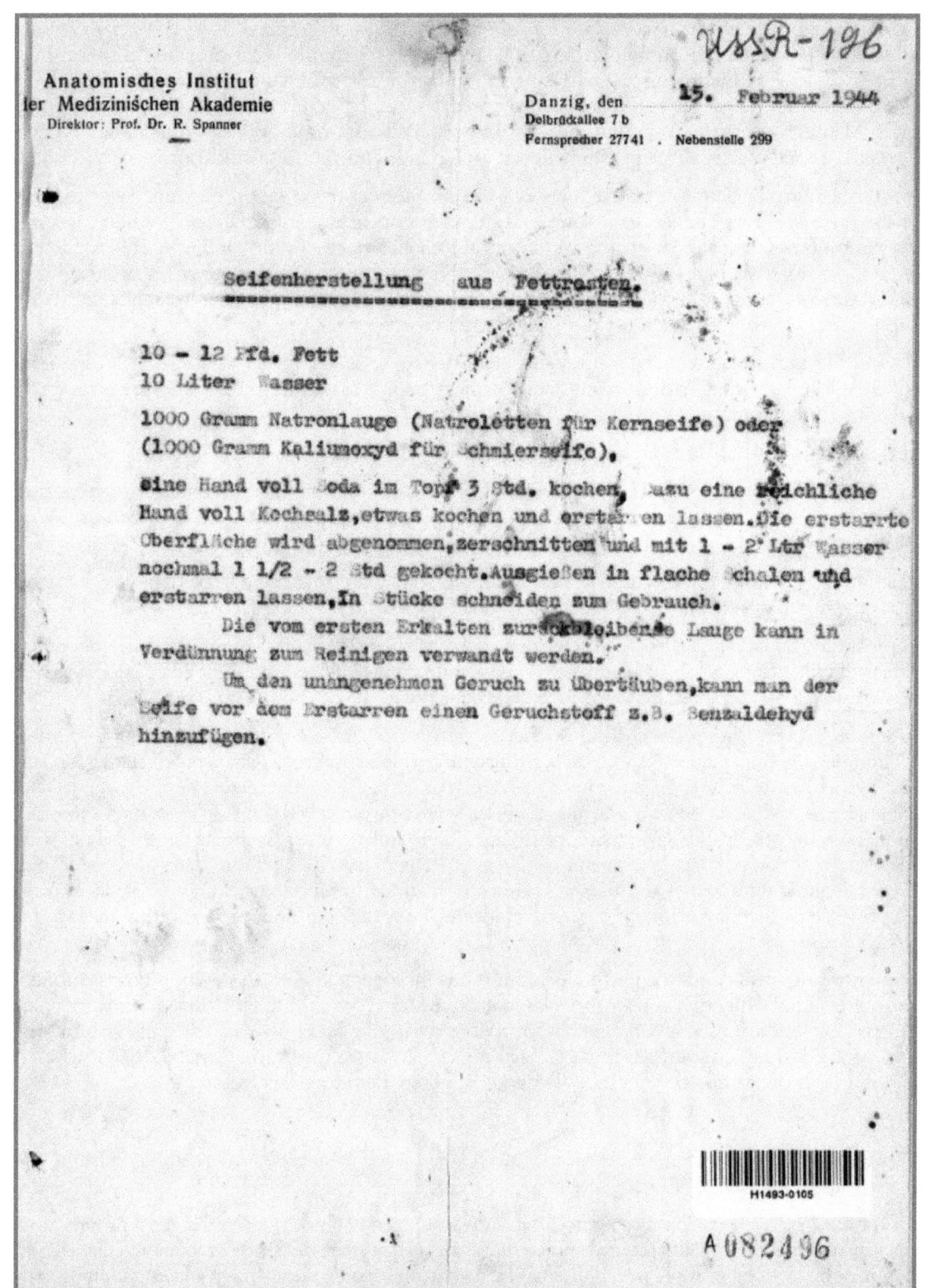

Voici le document *USSR-196*, nous avons ici le même genre de problème, laissant planer le doute. Dans ce cas-ci, un document allemand est accompagné d'une traduction ; accompagné par une traduction en russe écrite à la main (voir plus loin page 45) et une traduction dactylographiée en russe (voir plus loin page 46). Et je me pose la question de savoir encore une fois si la traduction est l'original ou si l'original est encore une fois la traduction. Ici (page précédente), nous avons la fameuse recette de la fabrication du savon humain. Et si je puis dire, c'est le seul document original, le prétendu document original que j'ai vu à la Haye, il y a même des trous dans le papier fait par la machine à écrire après la date. Donc les taches et tout le reste sont vrais et authentiques. Malheureusement, il apparaît qu'il est impossible de fabriquer du savon de la façon décrite dans cette dite recette. Donc ma croyance personnelle est qu'il s'agit d'une autre falsification.

À présent, une autre déclaration... c'est la confession du fabriquant de savon humain. Sigmund Mazur. Ce document est en russe bien sûr, ce sont toutes des copies certifiées conforme sur lesquelles les signatures sont dactylographiées à la machine et il y a toujours un cachet russe. Le document a été re-dactylographié pour faire la copie. Dans la plupart des cas, et dans de très nombreux cas, dans tous les procès de crimes de guerre les documents sont re-dactylographiés pour faire la copie avec ce très joli cachet certifiant que le dactylographe a fait un bon travail et que nous devrions y croire.

Maintenant, Sigmund Mazur a apparemment existé mais que le savon, la signature et le document aient existé peut être laissé à l'imagination. Tout ceci est parti dans un monde meilleur avec les surprises de la mémoire dans ce document.

Extrait de *Made In Russia: The Holocaust*, page 368 :

"Mazur a déclaré qu'il ferait sa déposition en polonais." Tout est dactylographié en russe. *"Le témoin et l'interprète furent avertis de leur responsabilité sous les articles 92 et 95 du code pénal de la République socialiste fédérale soviétique russe, dactylographié, signature."*

Quand le mot *"signature"* apparaît dans ces documents, il n'y a pas de signature dans les documents cela signifie juste que le mot *"signature"* a été dactylographié et qu'à la fin il y a un cachet.

> **Question** : Lors de précédents interrogatoires vous avez témoigné que vous aviez fait bouillir de la graisse humaine et l'avait transformée en savon, selon une recette donnée par le professeur Spanner. Pouvez-vous nous dire si vous avez obtenu la recette sous forme orale ou écrite ?
>
> **Réponse** : Après que j'ai reçu les instructions du professeur Spanner de commencer à transformer par ébullition de la graisse humaine en savon le professeur Spanner m'a immédiatement remis personnellement le même jour la recette pour la préparation de ce savon, par écrit. C'est-à-dire que la recette a été dactylographiée sur un papier à en-tête de l'institut d'anatomie. Aussitôt après avoir lu la recette, Spanner me l'a reprise et puis il a dit à l'assistant principal de laboratoire, von Bargen de la coller à une planche de contre-plaqué et de fixer la planche avec la recette dans le bâtiment où le savon était préparé, c'est-à-dire dans la seconde pièce de ce bâtiment, la pièce du milieu et von Bargen s'est immédiatement mis à l'ouvrage. C'est arrivé le 15 janvier 1944, en la présence du secrétaire Horn et de quatre étudiants. Le même jour nous avons préparé du savon à base de graisse humaine.

Je dois mentionner que la grande partie de la littérature holocaustique a depuis longtemps oublié le savon humain, et même Raul Hilberg va jusqu'à déclarer qu'à ce jour l'origine de l'histoire de la rumeur du savon humain n'a pas été retracée. Le savon humain lui-même peut être vu et senti, il est dans la bibliothèque du palais de la paix à la Haye, toutefois, il n'a jamais été fait l'objet d'un examen médico-légal et bien sûr, le problème serait de prouver que ce sont les Allemands qui l'ont fait et pas les Russes.

Page 369 :

> **Question** : On vous a montré la recette dactylographiée sur un papier à en-tête de l'institut d'anatomie, qu'avez-vous à dire à propos de cette recette ?
>
> **Réponse** : La recette qu'on m'a montrée datée du 15 février 1944 est la même recette à propos de laquelle je viens juste de témoigner. Cette recette avait été fixée sur une planche de contre-plaqué qui était accrochée dans le bâtiment où le savon était préparé. Fidèlement transcrit sous ma dictée, qu'on m'a lu et traduit dans ma langue maternelle, le polonais.

[dactylographié] Signature, Mazur,
[dactylographié] interprète, Kotlyarevskaya.

Examinateur : Juge-Avocat de la Garnison de Gdansk, major du service juridique. [dactylographié] Vodopyanov

Et je n'ai pas besoin de lire davantage tous ces cachets et signatures dactylographiés russes.

Bref, allons découvrir comment Sigmund s'est lavé les mains avec le savon humain devant sa mère. Il y a de quoi bien rire.

Page 370 :

Le témoin et l'interprète de Pologne Kotlyarevskaya furent avertis de leur responsabilité etc., etc., [dactylographié] signature...

Question : Pouvez-vous nous dire si vous avez apporté chez vous du savon humain fabriqué à l'usine ? Combien de fois ? Quand exactement ? Et combien ? Et ce que vous en avez fait ensuite à la maison ? Et aussi à qui dans votre famille avez-vous révélé de quoi été fait le savon ?

Réponse : Oui. J'ai amené du savon fait de graisse humaine chez moi, deux ou trois fois, en février et en mars 1945. Le poids total de tous les savons que j'ai amené à la maison à toutes ces occasions n'excédait pas 4 kg. Cette fois-ci j'ai remis le savon à ma mère. Ma mère savait de quoi était fait le savon, car je lui avais tout dit, tout comme à mes sœurs, en 1944, quand nous avions commencé à fabriquer ce savon. Je veux dire du savon fait de graisse humaine, comme une nouveauté inconnue jusque-là. Tout d'abord ma mère n'a pas voulu prendre et utiliser le savon que je lui donnais. Mais je l'ai convaincu que c'était absolument sans danger de laver le linge avec, ou même de se laver avec, étant donné que la soude caustique qui y était ajouté durant sa préparation le rendait tout à fait inoffensif. Pour l'encourager davantage, j'ai aussi fait ce que le professeur Spanner avait fait pour moi ainsi qu'à mon autre collègue de l'usine, j'ai pris le savon et j'ai lavé mes mains devant elles. C'est-à-dire devant ma mère et mes sœurs. Malgré ça, ma mère a dédaigné le savon. Mais je pense que ma famille l'a tout de même utilisé pour la lessive. Il est vrai qu'aucun membre de ma famille ne m'a jamais demandé de ramener ce savon. Le savon que j'ai amené à la maison fait de graisse humaine se présentait sous la forme d'un morceau solide de substance blanche, avec une odeur désagréable.

Témoignage fidèlement pris sous ma dictée et qui m'a été traduit et lu dans ma langue polonaise natale.

Cela ne dit pas comment il pouvait savoir ce que le document disait lorsqu'il l'a signé, mais la signature est dactylographiée. Nous devons les croire sur paroles et que l'original existe quelque part à Moscou. Il n'y a aucune adresse de communiquée pour qu'on puisse écrire aux autorités à Moscou et obtenir une copie du document original. Bref. Continuons.

Rudolf Spanner

Ici (*Made In Russia: The Holocaust*, p. 372), il est indiqué que Mazur était Polonais et qu'il a reçu la citoyenneté allemande en janvier 1944.

"Sa mère vit à Danzig, au #10 de la rue Neuschottland. Ayant connaissance des langues polonaise et allemande."

Le document est en russe. Cependant, il a signé une déclaration disant que c'était une traduction correcte en russe de sa déclaration en polonais. Donc le témoignage est traduit du polonais en russe par l'interprète du commandant du bureau de Danzig ?

Ci-après, il s'agit d'une supposée traduction en russe du précédent document écrit en allemand (voir plus haut, page 41). Cette traduction est écrite avec un crayon. Je dois mentionner que la recette du savon humain, mis à part le fait que c'est soi-disant impossible de fabriquer du savon de cette façon, ne contient pas le mot *"humain"*, il est question de *"restes de graisse"* et le mot *"humain"* a tout simplement été ajouté, dans la traduction en anglais. C'est un exemple parmi de très très nombreux autres, de traduction de documents falsifiés.

Анатомический Институт   Берлин, 15.II.44.
Медицинской Академии.   Бельфюкалле 45.
Дир. Проф. Др. Спаннер.

__Производство мыла из остатков жиров.__

10 - 12 фунтов жира
10 литров воды.   [Для мыла кусками или
1000 граммов раствора натрена (натролестен
1000 граммов Калиумлостен для жидкого мыла)

Для приправы соды. Варить в горш-
ке 3 часа. Прибавить понадо припор-
но поваренной соли, немного поварить
и оставить застыть. Застывшую по-
верхность снять, разрезать и снова переварить от 1½ до 2 часов с
1 - 2 литрами воды. Вылить в плос-
кие миски и оставить застыть.
Разрезать на куски для употребления.
Раствор который остается после
первого остуживания может упо-
требляться в разбавленном виде
для чистки.
Чтобы перебить неприятный запах можно добавить в мыло пред
застыванием вещество для запаха
напр. бензальдегид.

Zgodne z originałem

Ppr. Czarny Gniko

```
Копия                                      СССР-196

Анатомический институт            Данциг 15.II.44 г.
Медицинской академии              Дельбрюкаллея 7 б.
Дир.проф.Д-р ШПАННЕР.

            ПРОИЗВОДСТВО МЫЛА ИЗ ОСТАТКОВ ЖИРОВ.

     10-12 фунтов жира
       10-   литров воды
     1000 граммов раствора натрона/натро-леттен / для мыла
              кусками или
     1000 граммов калиумоксида для жидкого мыла.
        1 пригоршня соды.

       Варить в горшке 3 часа. Прибавить полную пригоршню поварен-
ной соли, немного поварить и оставить застыть. Застывшую поверх-
ность снять, разрезать и снова переварить от полутора до двух
часов с одним-два литрами воды.

       Вылить в плоские миски и оставить застыть.
       Разрезать на куски для употребления.

       Раствор, который остается после первого остуживания, может
употребляться в разбавленном виде для чистки.

       Чтобы устранить неприятный запах можно добавлять в мыло
перед застыванием вещество для запаха например бензальдегид.


       ВЕРНО: СЕКРЕТАРЬ ВП ТЫЛА 2 БФ
              КАПИТАН А/С:-          /ТИМЧЕНКО/
```

A 082494

Ceci est la prétendue traduction dactylographiée du supposé document original de la recette du savon humain originale. Ou pour être exacte, la recette originale du savon humain dans laquelle le mot *"humain"* a été ajouté dans la plupart des traductions en anglais. William L. Shirer parle de la recette du savon humain dans son livre, *Le Troisième Reich : des origines à la chute* toutefois, dans une note de bas de page avec son habituel manque de sérieux, les références sont toutes mélangées, et il indique ses sources à propos de la citation sur la recette comme le document *USSR-8* page 196, non 197. C'est un document que William L. Shirer n'a jamais vu, le document *USSR-8*, auquel cas il aurait su que ce document ne contenait pas 196 pages. Il est comme la plupart des autres, un copieur de références et de numéros de pages, et tant qu'ils seront aussi nombreux à le faire, tout le monde continuera de penser que les matériaux résultants ont une sorte de valeur probante. Cependant, le bon chiffre pour le document pour la recette du savon humain est le document *USSR-196*, et la déclaration de l'homme qui a prétendument fabriqué le savon humain, Sigmund Mazur, est le document *USSR-197*.

Ici (voir plus bas page 52), il s'agit de la déclaration de Sigmund Mazur lui-même (voir p. 367 de mon livre). Il semble que Mazur était un personnage insaisissable. Il est enveloppé de mystère à bien des égards. Mais quoi qu'il en soit, ce curieux petit marquage jaune en bas écrit en russe, est sa signature. Vous pouvez voir le cachet russe, certifiant qu'il s'agit d'une copie conforme.

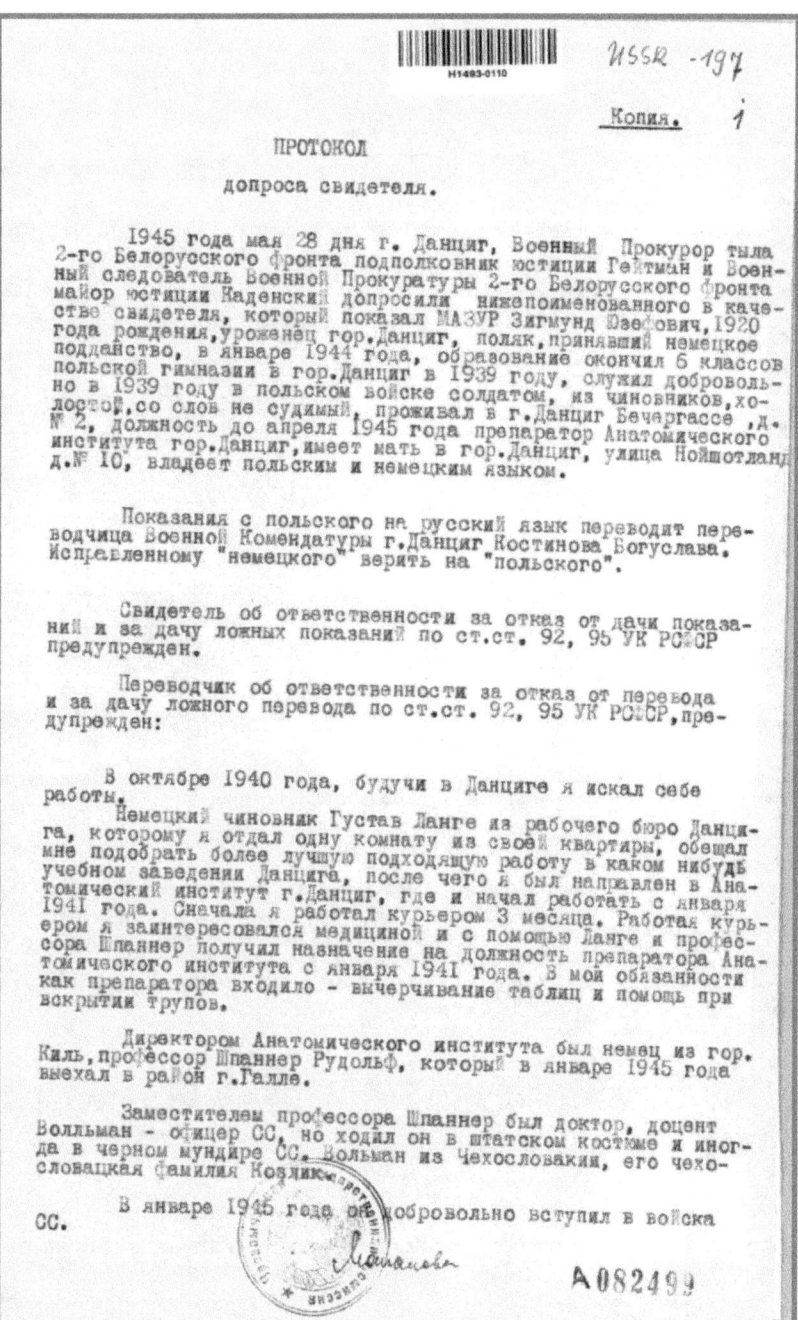

– 2 –

Ассистентом работала с октября 1944 года женщина Фосбек из Доппота, которая уехала в Халле вместе с профессором Шпаннер. Она асспирировала проф. Шпаннер.

Старший препаратор был фон Барген, который приехал в Данциг из г. Киль вместе с проф. Шпаннер.

Служителем для подпорки трупов был немец Рейхерт из г. Данциг, ушедший в ноябре 1944 г. в немецкую армию. Таким же служителем был и немец Боркмен из г. Данциг, но где он сейчас находится я не знаю.

Вопрос: Расскажите как производилось мыловарение из человеческого жира при Анатомическом институте г. Данциг.

Ответ: Рядом с Анатомическим институтом в глубине двора летом 1943 года было построено каменное одноэтажное здание из 3-х комнат. Здание это было построено для обработки трупов, вываривания костей. Так было объявлено официально профессором Шпаннер. Именовалась эта лаборатория как лаборатория для изготовления скелетов человеческих и сжигания мяса и ненужных костей. Но уже зимой 1943-1944 года профессор Шпаннер приказал собирать человеческий жир и не выбрасывать его. Это приказание было отдано Рейхерту и Боркману.

В феврале 1944 года профессор Шпаннер дал мне рецепт приготовления мыла из человеческого жира. В этом рецепте предписывалось брать человеческий жир 5 кило, с 10 литрами воды и 500 или 1000 грамм каустической соды - все это варить 2-3 часа, затем дать остыть. Мыло всплывает вверх а остатки и вода остается на дне в ведрах. К смеси прибавлялась еще и поваренная соль пригоршня и соды. Затем добавлялась свежая вода и смесь снова варилась 2-3 часа. После остывания готовое мыло выливалось в формы.

Мыло получалось неприятного запаха. Для того, чтобы уничтожить этот неприятный запах прибавлялся бензальдегид.

Работа по изготовлению мыла из человеческого жира началась в январе 1944 года. Непосредственным начальником фабрики мыла был старший препаратор фон Барген. Все оборудование было взято из Анатомического института.

Первая партия трупов была доставлена из Конрадштейна из психиатрической больницы, количество не помню.

Кроме того был большой запас трупов в Анатомическом институте в количестве около 400 трупов. Значительная часть трупов была обезглавленных. Обезглавленные трупы были после гильотинирования в тюрьме г. Кенигсберг, и в 1944 году гильотина была установлена в тюрьме г. Данциг. Эту гильотину я видел во дворе в одной из комнат тюрьмы и видел я ее когда ездил в тюрьму г. Данциг за трупами. Схему гильотины прилагаю.

Ici, il s'agit de la page 2 du même document. Aucune signature, mais un très beau cachet.

- 3 -

Когда я приезжал в тюрьму за трупами, то трупы были свежие только что после казни и брали мы их в комнате соседней с той, где находилась гильотина. Трупы были еще теплые.

К каждому трупу была карточка с указанием фамилии и года рождения и эти фамилии в Анатомическом институте вписывались в особую книжку, где находится сейчас эта книжка я не знаю. В тюрьму за трупами в г. Данциг я ездил 4-5 раз.

Из лагеря Штутгоф Боркнер привез 4 трупа русских людей мужчин.

Жир собрали с человеческих трупов Боркнер и Рейхерт.

Мыло варил я из трупов мужчин и женщин. Одна производственная варка занимала несколько дней от 3-х до 7 дней. Из двух известных мне варок, в которых я принимал непосредственное участие, вышло готовой продукции мыла более 25 килограмм причем для этих варок было собрано 70-80 килограмм человеческого жира, примерно с 40 трупов. Готовое мыло поступало к профессору Шпаннеру, который его хранил у себя лично.

Работами по производству мыла из человеческих трупов, как мне известно, интересовалось и гитлеровское правительство. В Анатомический институт приезжали министр просвещения Руст, министр здравоохранения Конти, гаулейтер Данцига Альберт Форстер, а также много профессоров из других медицинских институтов.

Сам я лично для своих потребностей для туалета и стирки употреблял это мыло из человеческого жира. Лично для себя я взял этого мыла 4 килограмма.

Так как эта работа по производству мыла производилась по приказанию профессора Шпаннер, то я считал это нормальным явлением.

Лично для себя также брали мыло Райхтер, Боркман, фон Барген и наш шеф профессор Шпаннер, а также все остальные сотрудники.

Некоторым студентам, помогавшим в работе также давали это мыло.

Профессор Шпаннер говорил, что производство мыла из человеческого жира надо держать в секрете.

У нас в институте приготовление мыла носило экспериментальный характер, но когда предполагалось использование трупов для производства мыла в широких масштабах мне неизвестно.

Профессор Шпаннер старался достать как можно больше трупов и вел переписку с тюрьмами и лагерями с которыми договаривался о том, что трупы в этих местах бронируются Данцигским Анатомическим Институтом.

Поступающие трупы в препаровочной нами обривались, причем волосы сжигались, во всяком случае факты использования волос мне неизвестны.

A 082501

Ceci est la page 3, encore une fois la même chose, aucune signature, juste un cachet.

Il y a deux versions de ce document, une est aux archives nationales et ceci est un Photostat négatif qui est presque absolument illisible. Ceci est un Photostat positif provenant du palais de la paix de la Haye. Le Photostat négatif a été réalisé à partir du Photostat positif et le Photostat positif... non, pardon... le positif est un original, dans le sens où il s'agit d'une copie certifiée conforme re-dactylographiée en russe d'un document qui prétendument existe dans les dossiers de la commission des crimes de guerre à Moscou. Malheureusement, il n'y a aucune adresse, de sorte qu'il est impossible de leur écrire et demander une photocopie de celui où apparaît la signature. Mais je ne suis pas certain qu'une signature prouverait quoi que ce soit de toute façon.

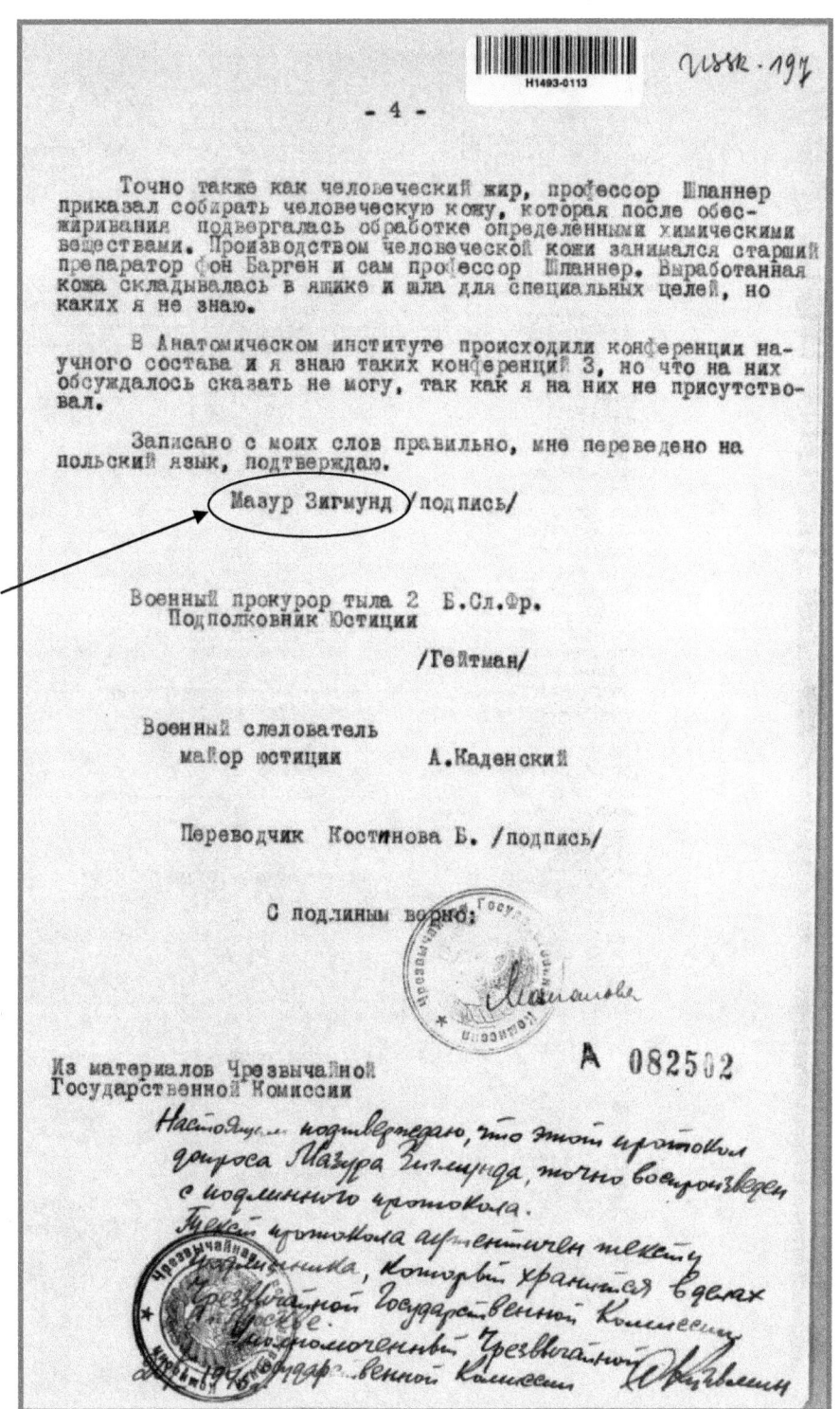

Voici la page 4, où l'on voit la signature dactylographiée de Sigmund Mazur, le fabriquant du savon humain, entourée, et la signature dactylographiée de tous les divers traducteurs du polonais au russe, ainsi que les divers officiers légaux qui l'ont informé de sa responsabilité de dire la vérité selon les articles 95 et 96, si mes souvenirs sont exacts, du code pénal soviétique. Et puis au bas, il y a bien sûr écrit à la main, l'authentification de D. Kuzmin de la commission des crimes de guerre soviétique.

Копия.

ПРОТОКОЛ

допроса свидетеля МАЗУРА З.В.
от 11 июня 1945 г.

Мазур об"явил, что он будет давать показания на польском языке.

Свидетель и переводчик об ответственности предупреждены по ст.ст. 92 и 95 УК РСФСР:

Подписи.

ВОПРОС: На прошлых допросах вы показывали, что варка мыла из человеческого жира вами производилась по рецепту, данному профессором Шпаннер.
Покажите, рецепт был получен вами в устной или в письменной форме?

ОТВЕТ: После того, как я получил указание профессора Шпаннер приступить к варке мыла из человеческого жира, сразу же, в тот же день профессор Шпаннер мне лично вручил рецепт приготовления этого мыла в письменном виде, точнее данный рецепт был отпечатан на пишущей машинке на бланке анатомического института. Как только я прочел рецепт, Шпаннер у меня его забрал и тут же сказал старшему препаратору фон-Барген приклеить его к доске фанерной и прибить доску вместе с рецептом в здании, в котором приготовлялось такое мыло, точнее в о второй комнате этого здания – средней комнате, что фон Барген немедленно выполнил. Это происходило 15 февраля 1944 года в присутствии секретаря Горн и 4-х студентов. В тот же самый день из человеческого жира мы приготовляли мыло.

ВОПРОС: Вам пред"явлен рецепт напечатанный на бланке анатомического института. Что вы имеете заявить в отношении этого рецепта?

ОТВЕТ: Пред"явленный мне рецепт, датированный 15 февраля 1944 г. является тем самым рецептом, о котором я только что показал. Этот рецепт был приклеен на фанерную доску, которая висела в здании, в котором происходила варка мыла.

Записано с моих слов верно, мне прочитано и переведено на мой родной, польский язык.

Подпись /Мазур/
Переводчик /Котмировская/

Допросили: Военный прокурор гарнизона г. Гданьск
майор юстиции
/Золопьянов/
При допросе присутствовал член Государственной Чрезвычайной Комиссии
/Зыченков/

Копия.
Из материалов Чрезвычайной Государственной Комиссии

ОК

А 082502/1

Ici, c'est la page 5, ou il serait plus juste de dire qu'il s'agit de la page 1 d'un autre interrogatoire. Il y a deux interrogatoires ensemble dans le même document. Il y a une autres très belle signature dactylographiée du fabriquant de savon humain (entourée), Sigmund Mazur et comme d'habitude, il a signé une déclaration dans une langue qu'il ne pouvait pas lire, certifiant l'exactitude de sa déclaration dans cette langue.

Ici, (voir pages 55 et 57 ci-après), il s'agit de deux autres déclarations à propos du savon humain. Le document *USSR-264* et le document *USSR-272*. Un examen rapproché de ces documents, révélera qu'ils n'ont virtuellement rien en commun avec la déclaration de Sigmund Mazur qui a prétendument fabriqué le savon lui-même. Et elles se contredisent aussi sur pratiquement tous les points imaginables allant de la durée d'ébullition à la couleur du savon, en passant par la période où les appareils d'ébullition du savon furent installés, quand ils furent installés, comment le savon était fait, qui a fait que tout cela soit possible, se contredit encore une fois d'un document à l'autre. Il y a cependant, quelques concordances, il y a plusieurs phrases qui sont presque identiques dans ces documents.

Je devrais peut-être dire que la procédure standard dans les procès de crimes de guerre est que le dit témoin, est interrogé sous forme de question/réponse par un officier interrogateur puis, plus tard, les questions sont effacées les réponses sont mises ensemble et sont totalement écrites par une personne différente sous forme d'affidavit, c'est-à-dire que la personne qui écrit l'affidavit n'est pas la personne qui fait la déclaration, et n'est pas la personne qui a conduit l'interrogatoire. C'est pourquoi, il est fréquent de trouver des phrases courantes dans différents documents identiques ou presque identiques, ou même des paragraphes complets dans un document. On en a un autre exemple avec les documents *USSR-471* et *472* et *473* qui contient des paragraphes absolument identiques mot pour mot et les affidavits 4 et 5 de Blaskowitz et Halder qui contiennent aussi deux paragraphes identiques (voir vidéo).

Международный военный трибунал

Н-1497 а

ДОКУМЕНТЫ ОБВИНЕНИЯ

ПО ДЕЛУ № 1

Главный обвинитель
от СССР

СССР № 264

А 082799

H1497 – 0002

Dans ce cas-ci, un des témoins à propos du savon humain déclare, Doc *USSR-264* :

"Les corps arrivaient à une moyenne de 7 à 8 par jour. Tous avaient été décapités et étaient nus. Je n'ai pas vu de corps portant des marques de mutilation ou de mauvais traitements sauf un Russe qui n'avait pas été décapité."

Dans le deuxième document, le document *USSR-272*, on lit :

"Ils arrivaient à une moyenne de 2 à 3 par jour. Tous étaient nus et la plupart avaient été décapités. Je n'ai aucun souvenir d'avoir vu des signes de mauvais traitements sur les corps, sauf un homme qui aurait été russe."

Maintenant, permettez-moi de reprendre :

Doc *USSR-264* *"Les corps arrivaient à une fréquence de 7 à 8 par jour."*

Doc *USSR-272* *"Ils arrivaient à une fréquence de 2 à 3 par jour."*

Doc *USSR-264* *"Tous avaient été décapités et étaient nus."*

Doc *USSR-272* *"Tous étaient nus et la plupart avaient été décapités."*

Doc *USSR-264* *"Je n'ai pas vu de corps portant des marques de mutilation ou de mauvais traitements, sauf un Russe qui n'avait pas été décapité."*

Doc *USSR-272* *"Je n'ai aucun souvenir d'avoir vu des signes de mauvais traitements sur les corps, sauf pour un homme qui aurait été russe."*

Maintenant, le reste de ce même document consiste presque entièrement en contradictions en ce qui concerne les points importants.

Le document *USSR-264* dit que les corps étaient placés dans de larges récipients en métal où ils étaient laissés durant environ 4 mois.

Le document *USSR-272* dit : *"3 à 4 semaines."*

Le premier document dit que les machines pour faire bouillir le savon sont apparues aux alentours de Noël 1943.

Le second document dit, mars ou avril 1944.

Quoi qu'il en soit, il y a de nombreuses autres contradictions en ce qui concerne des plateaux, la couleur du savon, si cela sentait ou pas, s'il y ajoutait de l'acide ou si l'acide était de la soude caustique, etc. Ici, Doc *USSR-272*, le réservoir chauffant électrique nécessitait 24 heures pour faire bouillir un corps etc. etc.

Maintenant, écoutez ça, doc *USSR-264* :

"Ensuite, le contenu des plateaux était emmené ailleurs et je ne sais pas ce qui en était fait. Les étudiants m'ont dit que c'était utilisé pour du savon."

Et dans l'autre document, document *USSR-272* :

"Ils m'ont tous dit que c'était du très bon savon pour cette utilisation."

Il se peut donc que ces deux personnes soient tout à fait sincères. Ces documents sont apparemment fondés sur une déformation de la réalité aggravée par des ouï-dire. Ces deux hommes John Henry Witton et William Anderson Neely étaient des prisonniers de guerre qui ont passé 5 ans à Danzig et dans les environs faisant différents travaux particuliers pour les Allemands et ils ont passé quelques temps dans un institut d'anatomie. Il est bien sûr tout à fait logique que l'on trouve dans un institut d'anatomie des corps, peut-être des corps d'hommes ayant été exécutés pour différents crimes dans les prisons des alentours et que ces corps aient été disséqués ou que les corps aient été traités chimiquement dans le but de préparer des squelettes dans un but éducatif. À ce stade, rien de bien sinistre dans tout ceci.

Международный военный трибунал

H-1497g

ДОКУМЕНТЫ ОБВИНЕНИЯ

ПО ДЕЛУ № 1

272

Главный обвинитель
от СССР

СССР № 272

А 082826

H1497 – 0049

Puis, il est dit que ces hommes se sont fait dire par d'autres personnes que les matériaux retirés des os étaient utilisés pour faire du savon. Aucun des deux n'a mentionné Sigmund Mazur comme la personne qui aurait fabriqué le savon. Witton mentionne des plateaux blancs par exemple, William Anderson Neely ne parle pas de plateaux. Et je conseillerais au lecteur de lire cela à son aise, ou le spectateur devrais-je dire, car c'est trop compliqué de passer en revue toutes les contradictions de ces deux documents. La meilleure chose à faire serait de les programmer dans un ordinateur et vous rechercher les contradictions car il y en a beaucoup trop.

Dans ce document (voir vidéo), je vais vous montrer un exemple très intéressant d'un document original qui se transforme en une copie certifiée conforme. Ce document, document *USSR-264*, la déclaration de John Henry Witton fait 2 pages. À la page 2, il y a une signature, la signature de John Henry Witton. Il y a cette phrase, qui a été ajoutée plus tard, avec une machine à écrire différente, et le papier a été inséré de travers, on lit : *"Le nom chrétien de cet homme, si je me souviens bien, était César."*

Cette phrase : *"Le nom chrétien de cet homme, si je me souviens bien, était César."* a été empruntée et insérée plus tard à partir du second document, qui a été écrit 4 jours plus tard, *"Un Polonais dont je ne me souviens pas du nom de famille, nom chrétien, César."* Encore une fois, une phrase pratiquement identique.

"Le nom chrétien de cet homme, si je me souviens bien, était César."

"Un Polonais dont je ne me souviens pas du nom de famille, nom chrétien César."

Le premier document est daté du 3 janvier 1946, le second a été préparé le 7 janvier 1946. Également, quelques remarques intéressantes diverses indiquant qu'ils étaient préparés avec l'assistance d'autres personnes après la lecture des déclarations préparées par d'autres personnes, par exemple :

"J'ai lu la description du sergent Neely et je n'ai rien à y ajouter."

"J'ai lu la description du sergent Neely et je n'ai rien à y ajouter."

Il y a d'autres phrases similaires. Le même genre de phrases. Sur la page 3 de la première déclaration : *"J'ai lu la description contenue dans l'affidavit du Bombardier Sherrif et je n'ai rien à y ajouter."* La même phrase insérée encore une fois au bas : *"Le nom chrétien de cet homme, si je me souviens bien, était César."* Pris dans le deuxième document : *"Un Polonais dont je ne me souviens pas du nom de famille, nom chrétien César."*

Dans le premier document, la même machine à écrire a été utilisée pour insérer cette phrase, apparemment 4 jours plus tard. La signature a disparu et a été remplacée par une signature dactylographiée. Je dois dire que Mazur... dans la déclaration de Mazur, c'était Mazur qui fabriquait le savon, il n'est fait aucune mention de plateaux, il est question d'un processus d'ébullition qui durait 3 à 7 jours. Dans cette déclaration, le processus d'ébullition durait, j'ai oublié combien de temps, mais dans cette déclaration, il est question de 24 heures, ici [les corps] étaient trempés dans un bain chimique durant 3 à 4 mois, ici, 3 ou 4 semaines, ou 2 à 3 semaines. Ici, il est question de plateaux, pas là. Dans la déclaration de Mazur, il y a une odeur, mais du Benzene a été ajouté, pour se débarrasser de l'odeur donc l'odeur part, mais l'odeur est toujours présente, car le savon au palais de la paix à la Haye sent toujours. Vous pouvez y aller et le constater par vous-même. C'est la seule chose que les gens vont voir. Ils n'y vont pas pour voir les documents, ils y vont pour sentir le savon. J'y étais, et j'ai parlé au bibliothécaire à l'époque, Mr Vilevine (?) il s'agit de la pièce *USSR-393*, si je me souviens bien. Et il était très enthousiaste, il y avait cet énorme sac brun, il a dit : *"Oh, vous voulez voir le savon !"* Et il a ajouté : *"J'ai une peau ici aussi !"* Il y avait un autre sac avec de la peau dedans. Et je lui ai dit : *"Est-ce qu'un examen médico-légal a été fait ?"* Il a dit : *"Oh, oui, oh oui."* Je lui ai demandé s'il avait une copie du rapport. Et tout de suite il a compris que rien de tel n'existait. Aucune de ces preuves n'a jamais fait l'objet médico-légal.

Ce qui s'est passé dans les transcriptions du procès de Nuremberg est que dans le *volume 7*, des pages 597 à 600 comprise, l'accusation soviétique, le colonel Pokrovsky, est apparu avec quelque chose de blanc et quelques plateaux en émail et il a dit : *"Ce sont les plateaux qui ont été faits pour y mettre le savon humain, vous voyez ?!"* Et il présentait les plateaux et puis il présentait la chose blanche et disait : *"Ceci est du savon humain !"* Puis, il présentait plusieurs autres choses qui ressemblait à de la peau de chèvre ou de la peau de cochon ou quelque chose du genre et il disait : *"Ceci est de la peau humaine, voyez à quel point cela ressemble à de la peau ordinaire."* Et c'était tout.

Page suivante, la lettre [reconstituée depuis la vidéo originale] que j'ai reçue du témoin qui a fabriqué le savon humain William Anderson Neely - qui, au dernières nouvelles, était toujours vivant - il est Écossais et il vit en Écosse. J'ai son adresse, je ne sais pas s'il est toujours vivant parce qu'il ne répond pas aux lettres que je lui ai envoyées. Je l'ai localisé grâce au département de la santé. Et j'ai été extrêmement poli avec lui, en fait je l'ai énormément flatté, je n'ai aucune animosité envers cette personne, et j'ai demandé s'il serait d'accord pour écrire un article sur ses expériences et s'il serait d'accord pour communiquer des informations sur Sigmund Mazur et sur les détails techniques du processus de fabrication du savon humain et je lui ai proposé de le payer 0,11 cts d'euro par mot, plus les droits. Et comme je l'ai dit, j'ai été très poli, mais je n'ai jamais reçu aucune réponse.

J'ai contacté un major britannique, très *"old fashion"*, avec une moustache, le genre de personnage qu'on peut voir dans les films et ce major britannique a contacté William Anderson Neely à plusieurs reprises et n'a jamais obtenu de réponse.

Je suis quelque peu enclin à soupçonner que Mr Neely a ses raisons pour ne pas vouloir parler de ces expériences. Il se peut qu'il ne veut pas qu'on se souvienne de lui, il se peut qu'au procès de Nuremberg les Britanniques ont paniqué quand les Soviétiques sont arrivés avec la déclaration de Mazur et le savon, et qu'ils aient décidé qu'étant donné qu'un témoignage complexe devait être corroboré, qu'ils fourniraient une collaboration sous la forme de ces deux déclarations.

Je soupçonne plutôt que Neely a été approché par un officier qui lui a dit : *"Eh Billy, tu veux aider à faire pendre quelques Allemands ?"* Et comme je l'ai dit, je pense que sa déclaration est probablement juste à certains égards, et qu'il a travaillé dans un institut d'anatomie dans lequel des corps étaient bouillis et que des cadavres y étaient préparés pour des analyses, à but éducatif, etc.

La lettre de William Anderson Neely se lit comme suit :

Cher Monsieur,

Après avoir reçu votre lettre via le département de la santé, je ne comprends pas le pourquoi de votre intérêt sur mon séjour en tant que prisonnier de guerre à Danzig.

J'aimerais vous rappeler que j'ai maintenant 70 ans, et que ma mémoire pour les noms et les lieux n'est plus si bonne.

Bien à vous,

William Anderson Neely.

21 June 89

Dear Sir:

Having received your letter, via Department of Health, I find myself at a loss as to why you are so interested in my term, as a P.O.W in Danzig.

I should like to remind you, I am now 70 years old and my memory for names and places is not so good.

Yours sincerely,

W. A. Neely

Lettre de William Anderson Neely

Comme je l'ai dit, je n'ai pas d'animosité envers cette personne et ce n'est pas mon intention de le ridiculiser. Mais le simple fait qu'il soit une vraie personne, est tout à fait extraordinaire, et si Mr William Anderson Neely devait rédiger un article composé de rien de plus que *"Marie avait un petit agneau"* ce serait en soi tout à fait sensationnel.

> A2 THE GLOBE AND MAIL, WEDNESDAY, APRIL 25, 1990
>
> ## Human fat wasn't used by Nazis, Israel's Holocaust Museum says
>
> Reuter
>
> JERUSALEM
>
> Israel's Holocaust Museum, rebutting a common belief, said yesterday that the Nazis never made soap from human fat of murdered Jews during the Second World War.
>
> "Historians have concluded that soap was not made from human fat. When so many people deny the Holocaust ever happened, why give them something to use against the truth?" said Shmuel Krakoski of the Yad Vashem Museum.
>
> Israeli Holocaust historian Yehuda Bauer said there is no evidence Nazi Germany used corpses for soap, although it did use skin for lampshades and hair for matresses.
>
> He said many Jews believed murdered families had been turned into soap because the Nazis themselves propagated the idea as "a sadistic tool for mental torture."

La graisse humaine n'a jamais été utilisée par les Nazis, déclare le Musée de l'Holocauste d'Israël.

J'ai oublié de mentionner que l'importance du savon humain ne réside pas intrinsèquement dans le ridicule de sa qualité mais plutôt qu'il est considéré comme un fait ayant été prouvé qui a depuis disparu, parti aux oubliettes, et tous les experts de l'holocauste prétendent que le savon humain fut une rumeur, dont les origines qui ne peuvent pas être retracées aujourd'hui. Cependant, il fut avéré lors du jugement du procès de Nuremberg.

> THE JERUSALEM POST INTERNATIONAL EDITION
>
> ## Nazis never made human-fat soap
>
> By BILL HUTMAN
>
> Yad Vashem, the Israel Holocaust Memorial Authority, last week upheld the recent statement by Professor Yehuda Bauer, an eminent Holocaust historian, that the Nazis never made soap from human fat.
>
> No documentation exists to back up such allegations against the Nazis, Yad Vashem spokesman Menachem Fogel said. "That is the position Yad Vashem has always held."
>
> Bauer, a professor at the Hebrew University and head of the International Centre for Research on anti-Semitism, said at Wizo House in Tel Aviv, "The Nazis never made soap from Jews because they did not have such technology."
>
> Shmuel Krakoski, archives director at Yad Vashem, explained that the reason many believed, and still believe, that the Nazis made such soap was because during the war the Germans started rumours to that effect.
>
> "What is clear is that soap was made on which the letters RIS were inscribed, and there was propaganda that this soap was made from Jews," said Krakoski. RIS supposedly stood for *Rein Idishe Seif*.
>
> The Nazis did however use the skin and hair of humans to make various products, said Krakoski.
>
> Bauer said that the Nazis carried out many atrocities and there was no need to add false allegations to their already dark record.

Les Nazis n'ont jamais fabriqué de savon à base de graisse humaine.

were unable to work. Still another improvement we made over Treblinka was that at Treblinka the victims almost always knew that they were to be exterminated and at Auschwitz we endeavored to fool the victims into thinking that they were to go through a delousing process. Of course, frequently they realized our true intentions and we sometimes had riots and difficulties due to that fact. Very frequently women would hide their children under their clothes, but of course when we found them we would send the children in to be exterminated."

He described the actual killing by stating:

"It took from three to fifteen minutes to kill the people in the death chamber, depending upon climatic conditions. We knew when the people were dead because their screaming stopped. We usually waited about one half-hour before we opened the doors and removed the bodies. After the bodies were removed our special commandos took off the rings and extracted the gold from the teeth of the corpses."

Beating, starvation, torture, and killing were general. The inmates were subjected to cruel experiments at Dachau in August 1942, victims were immersed in cold water until their body temperature was reduced to 28° Centigrade, when they died immediately. Other experiments included high altitude experiments in pressure chambers, experiments to determine how long human beings could survive in freezing water, experiments with poison bullets, experiments with contagious diseases, and experiments dealing with sterilization of men and women by X-rays and other methods.

Evidence was given of the treatment of the inmates before and after their extermination. There was testimony that the hair of women victims was cut off before they were killed, and shipped to Germany, there to be used in the manufacture of mattresses. The clothes, money, and valuables of the inmates were also salvaged and sent to the appropriate agencies for disposition. After the extermination the gold teeth and fillings were taken from the heads of the corpses and sent to the Reichsbank.

After cremation the ashes were used for fertilizer, and in some instances attempts were made to utilize the fat from the bodies of the victims in the commercial manufacture of soap. Special groups traveled through Europe to find Jews and subject them to the "final solution". German missions were sent to such satellite countries as Hungary and Bulgaria, to arrange for the shipment of Jews to extermination camps and it is known that by the end of 1944, 400,000 Jews from Hungary had been murdered at Auschwitz. Evidence has also been given of the evacuation of 110,000 Jews from part of Rumania for "liquidation". Adolf Eichmann, who had been put in charge of this program by Hitler, has estimated that the

IMT I – 252

...dans certains cas, des tentatives ont été faites pour utiliser la graisse des corps des victimes dans la fabrication commerciale de savon.

Je devrais peut-être dire qu'il a été confirmé dans le jugement sur la même page comme le gazage de millions de juifs et qu'ils faisaient des matelas avec leurs cheveux et que la source concernant l'accusation à propos des matelas est une simple phrase de ouï-dire dans le volume 8, page 326, si je me souviens bien. Donc pour les matelas fait de cheveux humain, nous avons une phrase de ouï-dire. En ce qui concerne les matelas eux-mêmes, il n'y a rien bien sûr, car les matelas ont disparu. Il n'y a aucun matelas fait de cheveux humain dans les archives ou les musées, où il soit possible de les voir. Il n'y a pas de matelas fait de cheveux humain, aucun document concernant des matelas de cheveux humain.

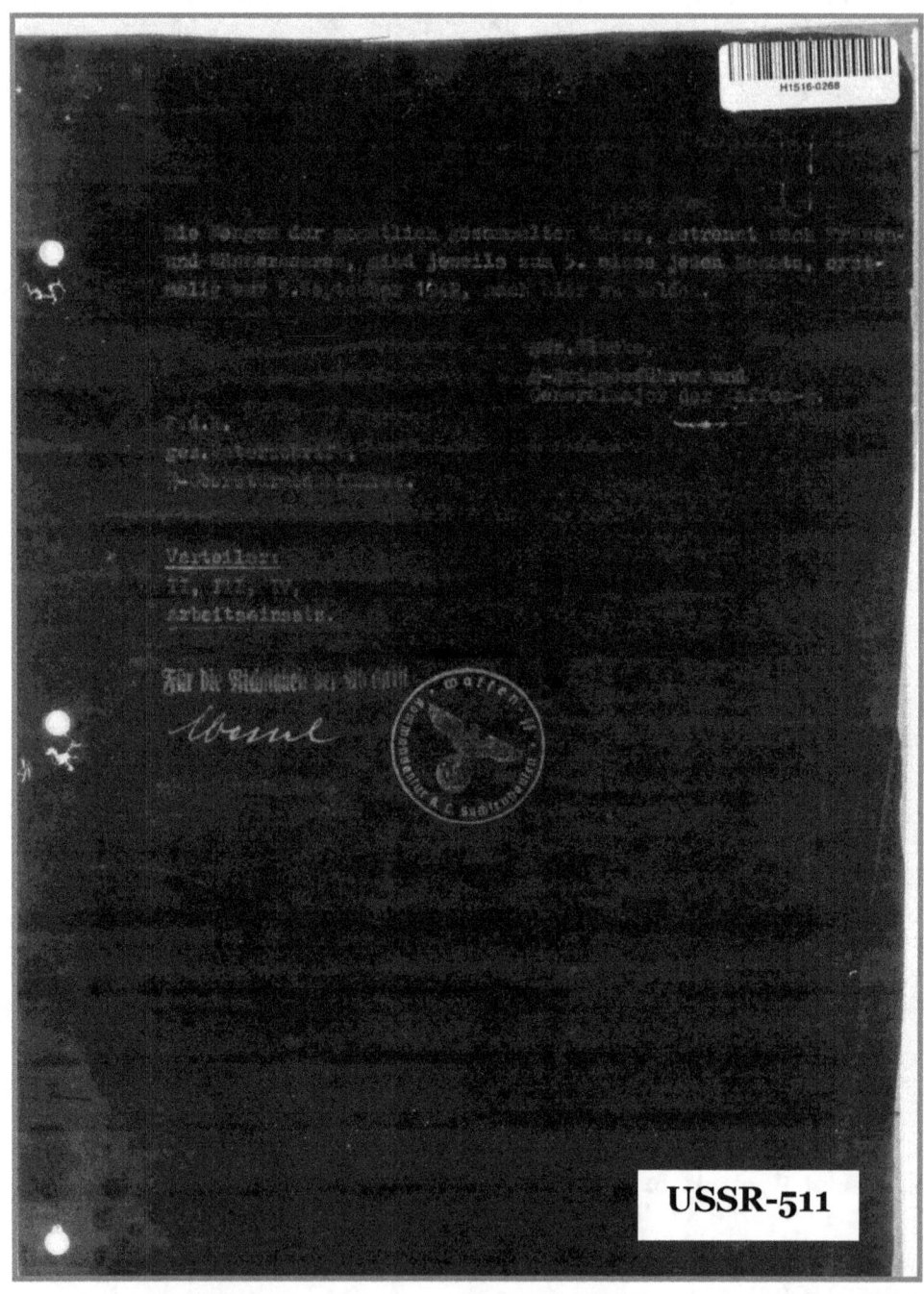

Il y a un document (ci-dessus) sur des chaussettes fabriquées avec des cheveux humain *(USSR-511)*. Mais il est totalement illisible, il est totalement noir. Un Photostat négatif avec un en-tête dactylographié, une signature dactylographiée, des initiales illisibles d'une personne inconnue qui certifie que c'est une copie conforme et deux cachets allemands. C'est un document original, sauf que c'est une copie et les Russes les ont ramenés avec eux en Russie.

Maintenant, quand je dis *"ouï-dire"* je ne veux pas dire une déclaration qui commence avec le mot *"il a dit"* si nous voulons être très technique là-dessus, *"ouï-dire"* est une déclaration orale ou écrite faite en dehors du tribunal qui est offerte pour prouver la vérité du sujet énoncé. Si je dis par exemple, *"Ma mère dit que Dieu lui parle."* Ce n'est pas un *"ouï-dire"* à moins que j'offre de prouver que Dieu parle à ma mère. Maintenant, dans un vrai procès, il n'y a aucune dignité dans le fait de mettre par écrit les ouï-dire. Mais les affidavits du genre, produits durant les procès de crimes de guerre dans la plupart des procédures, certainement les procédures criminelles telles que les preuves d'accusation, seraient considérés comme des "ouï-dire". Ils violent un certain nombre de règles et de procédures. Les règles contre les questions importantes, les règles contre les déclarations cohérentes antérieures, le droit de confronter et de contre- interroger l'accusateur de quelqu'un et bien sûr, la règle du *"ouï-dire"* elle-même. Je devrais dire qu'il y a des exceptions à la règle du *"ouï-dire"*.

Par exemple, préparé de façon correcte les dossiers commerciaux. Des dossiers commerciaux préparés dans le cours ordinaire des affaires par une personne dont la fonction est de préparer de tels dossiers sont exceptionnellement admissibles à la règle du *"ouï-dire"*. Ils ne peuvent pas aller dans votre bureau et trouver quelque copie carbone que ce soit, préparée par une personne inconnue et l'introduire comme preuve contre vous. Des dossiers hospitaliers authentifiés correctement sont une autre exception à la règle des *"ouï-dire"*. Des enregistrements qui contiennent des *"ouï-dire"* tels que *"le patient déclare qu'il a été violé."* doit avoir le *"ouï-dire"* supprimé du document, avant que le document ne puisse être présenté.

Page suivante, se trouve la page d'un document qui est sous notre nez depuis 40 ans, il s'agit de la page 3 du mode d'emploi pour l'utilisation du Zyklon *(NI-9912)*. Les Allemands sont accusés d'avoir prétendument tué des millions de juifs à l'aide du Zyklon. Toutefois, en parcourant le mode d'emploi pour l'utilisation de ce produit on découvre qu'il faut 16 heures pour tuer des insectes avec ce produit, à raison de 8 à 10 gr par mètre cube, à moins de conditions particulières tel qu'un endroit fermé, auquel cas, 6 heures suffiraient. Tuer des mites nécessiterait 16 gr par mètre cube pour une durée de 24 heures.

NI-9912/(3)

5. Entfernung von Lebensmitteln.
6. Entfernung von Pflanzen und Nutztieren (Aquarien usw.).
7. Entfernung unentwickelter fotogr. Platten und Filme.
8. Entfernen von Verbandspflaster, Arzneimitteln offen und in Tüten (besonders Kohle).
9. Entfernung von Gasmaskenfiltern.
10. Vorbereitung der Erfolgsprüfung.
11. Räumung von der Belegschaft.
12. Schlüsselübernahme. (Sämtliche Türenschlüssel.)

IX. Gasstärke und Einwirkungszeit hängen ab von der Art der Schädlinge,
der Temperatur,
dem Füllungsgrad der Räume und
der Dichtigkeit des Gebäudes.

Bei Innentemperaturen von über + 5 C nimmt man in der Regel 8 g/cbm Blausäure.

Einwirkungszeit 16 Stunden, wenn nicht besondere Verhältnisse, z. B. geschlossene Bauweise, eine Verkürzung erfordern. Bei warmem Wetter darf man bis auf 6 Stunden heruntergehen. Bei Temperaturen von unter + 5° C ist die Einwirkungszeit auf mindestens 32 Stunden zu verlängern.

Die angegebene Stärke und E.-Zeit ist anzuwenden bei: Wanzen, Läusen, Flöhen usw. mit Eiern, Larven und Puppen.

Bei Kleidermotten über plus 10° C, 16 g/cbm und 24 Std. Einw.-Zeit.
Mehlmotten wie Wanzen.

X. Durchgasung eines Gebäudes:

1. Prüfung, ob das Gebäude von allen Menschen verlassen ist.
2. Auspacken der Zyklonkisten. Für jedes Stockwerk die entsprechende Menge bereitstellen.
3. Verteilung der Dosen. Ein Mann begibt sich in das Gebäude, empfängt dort die vom Arbeitskommando heraufgebrachten Dosen und verteilt sie. (Läßt sie neben die Unterlagsbogen stellen.)
4. Entlassung des Arbeitskommandos.
5. Aufstellung der Wache und Belehrung dieser durch den Durchgasungsleiter.
6. Überprüfung der völligen Abdichtung und Räumung.
7. Anlegung des Gasschutzes.
8. Öffnen der Dosen und Ausschütten des Doseninhaltes. Der Inhalt ist dünn auszustreuen, damit das Zyklon schnell verdunstet und möglichst schnell die notwendige Gasstärke erreicht wird. Die Beschickung beginnt im obersten Stockwerk, der Keller wird vor dem Erdgeschoß beschickt, falls ersteres keinen Ausgang hat. Bereits beschickte Räume sollen nach Möglichkeit nicht noch einmal betreten

werden. Bei der Beschickung ist ruhig und langsam zu arbeiten. Besonders ist die Treppe langsam zu begehen. Die Beschickung darf nur im Notfalle unterbrochen werden.
9. Die Ausgangstüre wird verschlossen, abgedichtet (Schlüsselloch nicht vergessen) und der Schlüssel dem Durchgasungsleiter übergeben.
10. Auf die Tür wird eine Warnungstafel aufgeklebt mit der Aufschrift: »Vorsicht, giftige Gase. Lebensgefahr. Eintritt verboten.« Die Warnungstafel muß — falls erforderlich — mehrsprachig sein. Jedenfalls muß sie mindestens 1 deutlich sichtbaren Totenkopf tragen.
11. Gasschutz, Einrichtungen zur Wiederbelebung und Gasrestnachweis sind bereit zu halten. Jedermann des Durchgasungspersonals muß wissen, wo sich die Gegenstände befinden.
12. Mindestens 1 Mann des Durchgasungspersonals bleibt stets in erreichbarer Nähe des unter Gas stehenden Gebäudes. Sein Aufenthaltsort ist der Wache bekannt zu geben.

XI. Lüftung:

Die Lüftung bietet die größte Gefahr für Beteiligte und Unbeteiligte. Sie ist deshalb besonders vorsichtig und stets mit angelegter Gasmaske auszuführen. Grundsätzlich soll derart gelüftet werden, daß gasfreie Luft stets in kürzester Zeit erreichbar ist, daß d. Gas nach einer Seite abzieht, auf der die Gefährdung Unbeteiligter ausgeschlossen ist. Bei schwieriger Lüftung bleibt 1 ausgebildeter Mann vor dem Gebäude, um den Abzug des Gases zu beobachten.

1. Dafür sorgen, daß sich in der Umgebung des Gebäudes keine fremden Leute aufhalten.
2. Die Wachposten so aufstellen, daß sie durch das abziehende Gas nicht belästigt werden, trotzdem aber die Zugänge zu dem Gebäude beobachten können.
3. Gasmaske anlegen.
4. Gebäude betreten, Türe schließen, nicht verschließen.
5. Zuerst die Fenster auf der dem Wind abgekehrten Seite des Gebäudes öffnen. Stockwerkweise lüften. Im Erdgeschoß beginnen und nach jedem Stockwerk eine Erholungspause von mindestens 10 Minuten einlegen.
6. In den einzelnen Räumen des Gebäudes müssen die Türen zum Gang, Verbindungstüren zwischen den Zimmern und die Fenster geöffnet werden. Bieten einige Fenster Schwierigkeiten, so dürfen sie erst geöffnet werden, wenn die Hauptmenge des Gases abgezogen ist.

- 3 -

NI-036

zu F 21) und sich an die Namen der I.G.Farben Leute erinnern, die 1935 oder zu irgend einer Zeit, da Sie in Dachau waren, das Lager besucht hatten?

A) Ich war 1935 beim Besuch von Dr. Ley und den Industriellen noch ganz neu und hatte damals noch keine Ahnung von den Industrien [...] deutschen Industriellen.

F 22) Man hat Ihnen gesagt, dass verschiedene Herren von der Kohlenindustrie unter diesen Besuchergruppen waren. Ist das richtig?

A) Ja, es wurde uns gesagt.

F 23) Sie koennen sich keiner einzigen Persoenlichkeit erinnern, die dabei war?

A) Ich kann mich wirklich nicht erinnern, ich habe keinen von den Herren gesehen.

F 24) Nehmen wir an, dass Ihnen gesagt wurde, Krupp waere dabei gewesen, oder Voegler, Roechling usw., Namen, die Ihnen als Deutscher bekannt sind, wuerden Sie sich daran erinnern?

A) Das haette ich gewusst.

F 25) Sie verwendeten in Birkenau Cyklon B. Woher haben Sie das beschafft

A) Das war zu dem Zeitpunkt, als die Vergasung angefangen wurde, in groesseren Mengen vorraetig, und zwar war das vorraetig zur Vergasung von Ungeziefer, bekaempfung von Ungeziefer usw., in den Gebaeuden und Baracken, die von der polnischen Artilleriekaserne stammten. Da waren zwei Angestellte von der Firma Tesch & Stabenow, Hamburg, da, die diese Vergasungen in den Raumen vornahmen. Es wurden grosse Vorsichtsmassnahmen getroffen und auf Grund dieser Vorsichtsmassnahmen, die dort jedesmal ergriffen wurden, wurde alles abgesperrt und niemand durfte sich in der Naehe zeigen und zwei Tage durfte niemand die Gebaeude betreten. Ebenso wurde alles gelueftet, damit keine Ungluecksfaelle entstanden.

F 26) Haben Ihnen diese beiden Maenner von Tesch & Stabenow auch spaeter geholfen bei der Vergasung von Menschen. Diese Vorraete, die dort vorhanden waren, waren doch gewiss nicht ausreichend, um alle Ihre spaeteren Vergasungsprozesse durchzufuehren?

A) Nein.

F 27) Haben Sie dann spaeter auch von derselben Firma diese kleinen Gasbuechsen bezogen, die von der Firma Tesch & Stabenow in Hamburg hergestellt wurden?

A) Diese wurden nur von dieser Firma bezogen.

F 28) Ich zeige Ihnen ein Dokument mit der Nummer NI/032 und frage Sie, ob das Etikett, das Sie auf diesem Dokument oben sehen, identisch ist, mit den Etiketten, die sich auf den Blechdosen befanden, die [...]

Ici, juste une seule page d'une autre prétendue confession *(NI-036)*, en fait un interrogatoire de Rudolf Höss, le prétendu gazeur de millions de juifs, à Auschwitz-Birkenau. Ceci est un interrogatoire qui n'a jamais été transformé en affidavit. Vous remarquerez qu'en réponse à la question 25, il déclare : *"Personne n'était autorisé à approcher, et durant 2 jours personnes n'a eu l'autorisation d'entrer dans le bâtiment, de la même manière, tout était aéré pour éviter des accidents."* Il parle de l'utilisation de Zyklon contre la vermine dans les bâtiments et les baraques.

Ci-dessous, un affidavit assez connu, document *2992-PS*, de toute évidence, la personne qui l'a signé apparaît comme une signature sur un morceau de papier mais nous avons exceptionnellement de la chance dans ce cas-ci, il y a en fait une signature, j'ignore où se trouve le document en question. Les archives nationales disent détenir le document original mais voici ce qu'ils m'ont envoyé une photocopie d'un Photostat négatif. Et pour autant que je puisse le déterminer, il n'y a aucune preuve quelle qu'elle soit, que cette personne ait jamais existé. Je pense que c'est tout à fait probable qu'elle ait existé mais nous n'en avons pas la preuve. Absolument aucune donnée n'est fournie qui nous permettrait de retracer cette personne, par

```
                                                                    2992 PS
                                                                         5

mir auf, die Leute im Hause Bahnhofstr. 5 bis spaetestens um 8 Uhr
aus Rowno zu fuehren. Beim Weggang von Dr. PUTZ bemerkte ich einen
ukrainischen Bauernwagen, bespannt mit 2 Pferden. Auf dem Wagen
lagen tote Menschen mit steifen Gliedern. Arme und Beine ragten
ueber den Kasten des Wagens heraus. Der Wagen fuhr in Richtung zum
Gueterzug. Die verbliebenen 74 in dem Hause eingeschlossenen Juden
brachte ich nach Sdolbunow.
     Einige Tage nach dem 13.Juli 1942 bestellte der Gebietskommissar
von Sdolbunow, Georg Marschall, alle Firmenleiter, Reichsbahnraete,
OT-Fuehrer usw. zu sich und gab bekannt, dass sich die Firmen usw.
darauf verbereiten sollten, dass in absehbarer Zeit die Juden umge-
siedelt werden wuerden. Er wies auf die Aktion von Rowno hin, wo man
alle Juden liquidiert, d.h. in der Naehe von KOSTOPOL erschossen
hatte.

     Ich mache die vorstehenden Angaben in Wiesbaden, Deutschland,
am 10.November 1945. Ich schwoere bei Gott, dass dies die reine
Wahrheit ist.
                                              HERMANN FRIEDRICH GRAEBE

     Subscribed and sworn before me at Wiesbaden, Germany, this
10 day of November, 1945.
                                              HOMER B. CRAWFORD
                                              Major,     AC
                                              Investigator Examiner, War Crimes
     I, Elisabeth RADZIEJEWSKA, being first duly sworn, state:   Branch
That I truly translated the oath administered by Major Homer B.
CRAWFORD to Hermann Friedrich GRAEBE and that thereupon he made
and subscribed the foregoing statement in my presence.

                                              ELISABETH RADZIEJEWSKA
                                              Interpreter

     Subscribed and sworn before me at Wiesbaden, Germany, this
10 day of November, 1945.
                                              HOMER B. CRAWFORD
                                              Major,     AC
                                              Investigator Examiner
                                              War Crimes Branch, US Army
```

exemple, de la façon dont j'ai pu retrouver la trace de William Anderson Neely. Nous avons juste un nom sur un morceau de papier. Cette personne était supposée travailler pour l'Armée américaine à Francfort, mais elle n'a pas été produite comme témoin, pour témoigner en personne ils ont produit ce morceau de papier. Il y a trois signatures dessus, il y a une signature de Friedrich Graebe qui était prétendument le témoin d'un meurtre de masse en Pologne, il y a une signature de Elisabeth Radziejewska qui l'a traduit de l'allemand en anglais, devant un commandant Homer B. Crowford qui, nous pouvons l'assumer sans risque, ne comprenait pas l'allemand, et ceci est pris comme preuve de la vérité sur le sujet déclaré, sans aucun contre-interrogatoire, sans vérifier que le témoin ait même jamais existé.

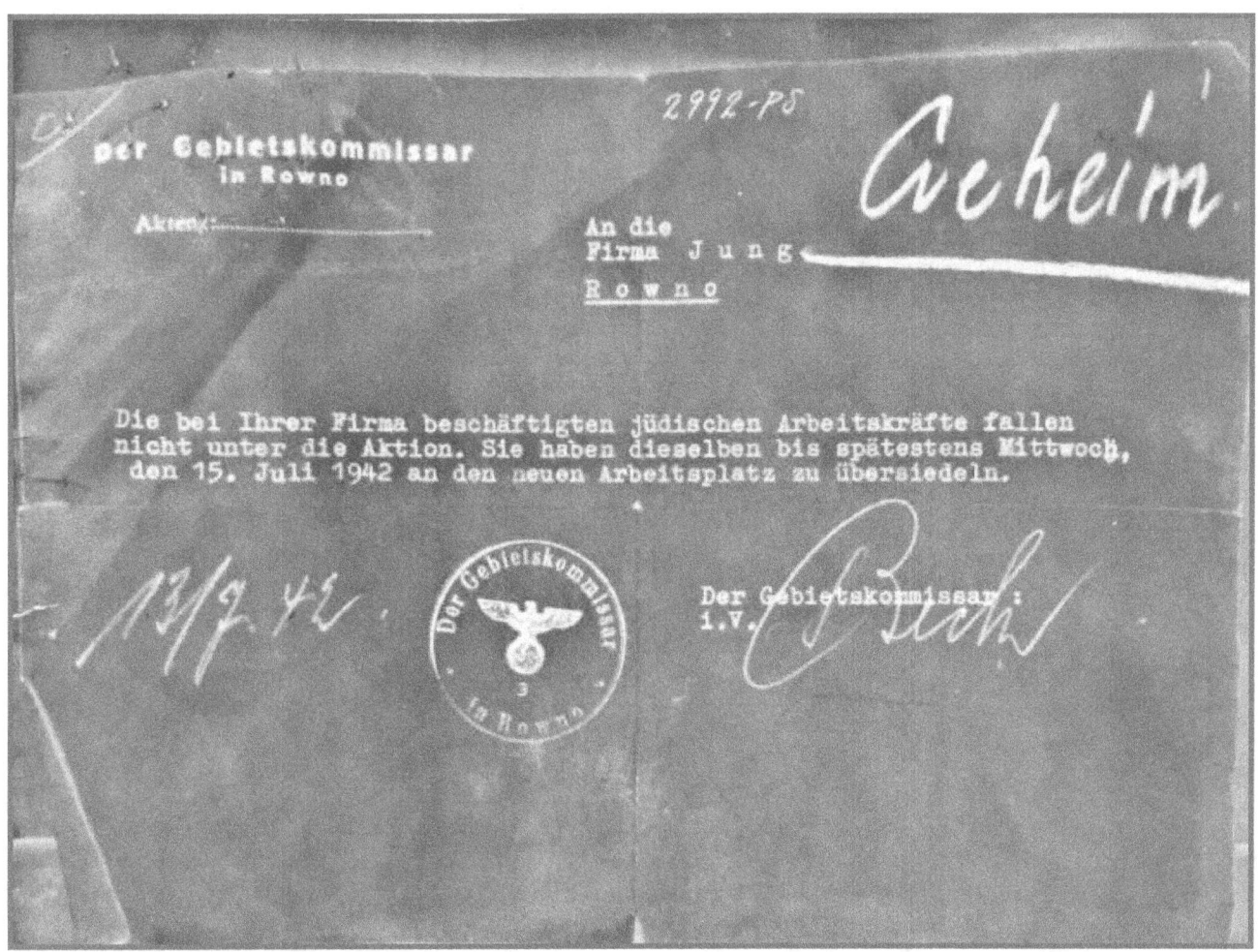

Et avec ça, il y a un autre document très joli, (ci-dessus) c'est le document attaché à l'affidavit de Graebe. C'est soi-disant un document donné à Graebe lui permettant de bouger ses juifs, (les juifs qui travaillaient dans son entreprise) ailleurs afin qu'ils ne soient pas tués. Et c'est supposé prouver que les massacres sous-jacents ont vraiment eu lieu. C'est supposé être un document original, mais bien sûr, il s'agit d'un Photostat négatif. Maintenant, que dit ce document ? Il dit que *"les juifs travaillant pour votre entreprise ne tombent pas sous l'action et ils sont supposés quitter la zone à un moment donné."* Maintenant, la question est : que signifie *"action"* ? Cela pourrait signifier par exemple, les déplacer vers un autre lieu de travail. Ils n'ont pas à être déplacés vers cette zone de travail, ils peuvent aller vers la zone de travail que vous choisirez pour eux. *"Action"* peut vouloir dire n'importe quoi. C'est inévitablement toujours traduit par *"pogrom"*, cela est toujours supposé prouver qu'un massacre a eu lieu et la chose curieuse à ce propos, c'est que si l'on en croit l'histoire racontée dans l'affidavit, il y eu un massacre de milliers et de milliers de juifs et qu'un officier éclairé leur a dit que c'était très secret mais, lui a donné un document qui soi-disant prouvait qu'un massacre de masse avait eu lieu. Graebe l'a alors gardé durant 3 ans et il l'a donné aux Américains. C'est quelque chose qui se produit fréquemment dans les histoires holocaustiques, il y a quelque chose qui est tellement secret que tout le monde reçoit des ordres par écrit pour rester discret sur le sujet.

La question que cela soulève est que sans ce document est-ce que l'affidavit prouve quoi que ce soit et sans l'affidavit est-ce que le document prouve quoi que ce soit ? Sans le document... eh bien... où est le document ? Où est le témoin ? C'est une loi de présomption universelle que, si un témoin ayant connaissance du sujet n'est pas appelé, par les parties dans l'intérêt desquelles il serait nécessaire de l'appeler, que son témoignage, s'il avait été appelé, aurait joué en la défaveur des personnes l'ayant fait témoigner, ce qui signifie que si Graebe était apparu au tribunal, aurait été tourné en ridicule -chose qui arrive souvent- et il y a de nombreux cas que je pourrais détailler de gens qui ont signé des affidavits qui peuvent ou ne peuvent pas sembler plausibles et qui se sont rétractés et se contredisent une phrase après l'autre ou qui les ont répudié partiellement ou complètement ou qui ne pouvaient absolument pas avoir ce qui était à l'intérieur de ceux-ci.

Ceci (voir vidéo) est une page du témoignage de l'un des 102 témoins qui est apparu devant la commission qui était appelé la commission du tribunal et dont la transcription comporte plusieurs milliers de pages, ainsi que les 312.022 affidavits de la défense. Ceci n'apparaît pas dans la transcription du procès de Nuremberg, et comme je l'ai mentionné plus tôt, je ne sais pas à l'heure actuelle où il serait possible d'obtenir le texte complet il doit y avoir une bande ronéotypées de la transcription de ce document quelque part. Mais je pense que si quelqu'un voulait commencer de tenter de déterminer ce qui s'est vraiment passé, que ceci serait un point de départ où commencer. Il semble virtuellement certain que personne n'a écrit cette transcription. Ceci concerne d'importants témoignages sur toutes les questions, relocalisation, gestapo, les camps de concentration, tout. Toutes les *"organisations criminelles"* : la S.A., la S.S., la Gestapo, le Cabinet, les dirigeants politiques, tout. Tous ces dirigeants ont comparu devant la commission et la transcription de la commission ressemble à ça, mais n'apparaît pas dans la transcription du procès de Nuremberg et les archives nationales à Washington ne l'ont pas et le palais de la paix à la Haye ne sont pas en position de fournir des photocopies de ce matériel.

Ceci (voir vidéo) est tout simplement une autre page de la même transcription et les copies brutes et les copies propres re-dactylographiées sont agrafées sur du papier fragile, les agrafes sont passablement rouillées, ils sont dans des classeurs papier kraft couverts de poussière. Il y a un catalogue plutôt grossier de petites cartes grâce auxquelles on peut localiser le témoignage de certains témoins. Certains des témoins sont manquants. Et la Haye n'est pas équipé pour photocopier l'entièreté de la transcription qui comporte plusieurs milliers de pages. Ils peuvent fournir quelques photocopies, une demi-douzaine ou une douzaine. Mais chaque fois qu'ils sont photocopiés, bien sûr les papiers commencent à tomber en morceau.

Volume 21
Separate Opinions

THE TOKYO WAR CRIMES TRIAL

Annotated, compiled and edited by:

R. John Pritchard

and

Sonia Magbanua Zaide

PROJECT DIRECTOR:
Donald Cameron Watt

Garland Publishing Inc.
New York & London
1981

Le jugement de Tokyo qui a été publié par la Presse de l'université d'Amsterdam. Ceci est un extrait du jugement dissident du juge Pal d'Inde. C'était l'opinion de Pal que tous les accusés auraient dû être acquittés sur la base de toutes les accusations portées contre lui. Il basait son opinion sur des questions de fait et des questions de loi. Loi internationale et loi pénale. L'opinion fait 700 pages. Il critique le recours au *"ouï-dire"* oral et écrit et à un moment donné il dit que les preuves de l'accusation sont pratiquement toutes sans valeur. Il parle du rôle de la propagande durant la guerre civile américaine et durant la première guerre mondiale. Et il déclare que certains soupçons de déformation et d'exagération ne peuvent pas être évités.

Comme ici par exemple (p.1060) :

"En évaluant la valeur de tout rapport de presse contemporain ou similaire nous ne devons pas oublier la part du rôle joué par la propagande en temps de guerre. Comme je l'ai déjà remarqué, une sorte de concurrence vitale se fait en excitant l'imagination comme un moyen d'exaspérer l'ennemi, chauffant à blanc le sang de ceux restés à la maison dans son propre camp et remplissant les neutres de dégoût et d'horreur. J'ai donné au-dessus quelques autres histoires d'atrocités je dois aussi mentionner les histoires données durant la première guerre mondiale sur l'utilisation de morts par les Allemands.

L'histoire est que les Allemands utilisaient des corps pour fabriquer de la nourriture pour cochons et plus tard ce fut quelque peu changé en un mensonge sur du savon humain.

L'histoire restera à jamais enregistrée dans l'histoire comme le mensonge classique de propagande de guerre.

Mr A.J. Cuming alors éditeur politique du journal The Chronicle un quotidien célèbre, influent et largement distribué en Grande Bretagne dans son livre intitulé The Presse, publié en 1936, expose le mensonge de cette propagande et raconte comment elle fut utilisée.

Il dit :

Au Parlement, le 30 avril, le regretté Mr Robert McNeil demanda si le premier ministre prendrait les mesures pour faire connaître aussi largement que possible en Égypte, en Inde et en Extrême Orient en général, le fait que les Allemands faisaient bouillir leurs soldats morts pour les transformer en nourriture pour les signes. Quand Mr John Dillon est intervenu pour savoir si le gouvernement avait des bases solides pour y croire, Lord Robert Cecil, ministre de la presse... non, ministre du blocus a répondu qu'il n'avait aucune information mis à part l'extrait qui avait paru dans la presse. Mais au regard des autres actions prises par les autorités militaires allemandes, il n'y avait rien là d'incroyable dans la présente accusation contre eux.

Il ajouta :

Le gouvernement de sa majesté a permis la circulation des faits comme cela est apparu sur les réseaux habituels. L'incident est maintenant sorti de la mémoire publique. Les autorités britanniques ont essayé de l'oublier aussitôt le sale boulot fait. Mais cette croyance est toujours vaguement crue comme un fait, par de nombreuses personnes qui n'avaient lu aucun démenti dans la presse britannique et comme Lord Robert Cecil, elles n'avaient rien vu d'incroyable dans les accusations portées par des journaux responsables en lesquels ils avaient si honnêtement confiance.

Mr John Basset Moore, un ancien juge du tribunal permanent de la justice internationale écrit en 1933 a dit :

Il y a je crois, quelques personnes qui comprennent l'étendue de la propagande qui a été utilisée en connexion avec les relations internationales.

Seulement cette année un important périodique anglais a déclaré :

Pendant la guerre, l'étonnant et efficace service de propagande britannique a convaincu les Américains de croire au plus bizarre des contes de fées qui ait jamais été imaginé. À ce jour, une bonne partie de la population n'a pas récupéré de l'information alléguée qui a alors tout englouti. Nous ne pouvons pas ignorer le fait que les nations du monde civilisé actuel ne montrent pas toujours tellement de scrupule en adoptant un différent modèle de conduite dans leur comportement en connexion avec ce qu'ils considèrent être leur cause nationale de ce qu'ils suivent dans leur vie privée. Ils ne ressentent aucun scrupule à imaginer des contes de fées bizarres et ne ménagent aucun effort pour faire en sorte que les gens gobent tout.

Enfin, depuis la première guerre mondiale, il y a eu une telle demande pour le procès de seigneurs de guerre condamnés ou défaits, qu'une sorte de processus inconscient avait lieu dans l'esprit de quiconque dévouait ses intérêts et son énergie pour faire en sorte que ces personnes soient condamnées. Je veux dire "punies". Ces processus, dans la plupart des cas, sont restés inobservés par la partie consciente de la personnalité et sont seulement influencés indirectement et à distance par eux. Le résultat peut être une déformation partielle de la réalité. Il y aurait toujours de l'empressement d'accepter comme réel tout ce qui se situe dans la direction des désirs inconscients."

Les documents que vous venez juste de voir ne sont pas les mêmes documents qui peuvent être trouvés dans mon livre, *Made In Russia: The Holocaust*.

Made In Russia: The Holocaust ne reproduit pratiquement aucun des documents que je viens juste de vous montrer. Il y a donc plus de 400 pages avec davantage de choses absurdes et ridicules à découvrir.

La conclusion à laquelle j'ai abouti dans le point principal de ce livre, peut être trouvée dans les premières lignes de la page 78. Ma conclusion est la suivante : que ce qui est étonnant à propos de l'holocauste ce n'est pas que c'est faux, on pourrait même s'y attendre, mais c'est que c'est ridicule. C'est infiniment, incroyablement ridicule. Je n'ai jamais rien lu d'aussi absurde.

Il y a dix ans, je croyais que c'était un mensonge, mais je pensais que c'était un mensonge intelligent. Aujourd'hui, j'en sais plus sur ce qui s'est passé. On apprend avec le temps. Je n'ai jamais rien lu d'aussi absurde.

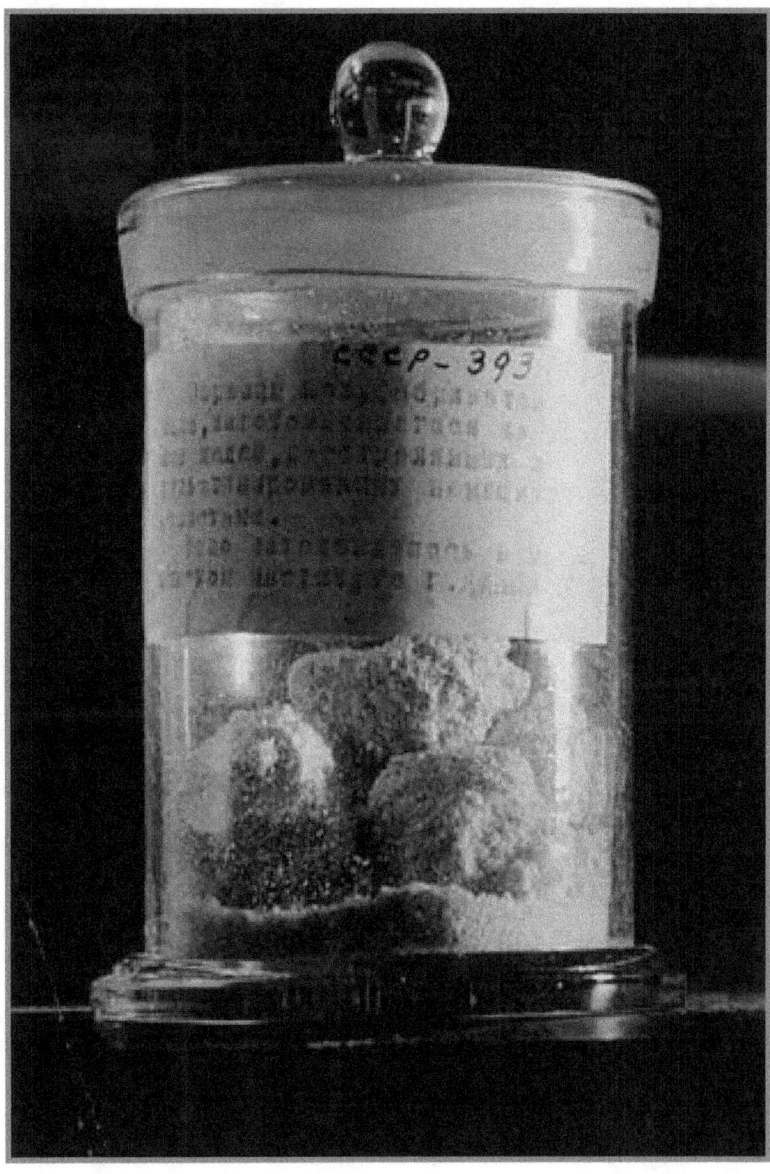

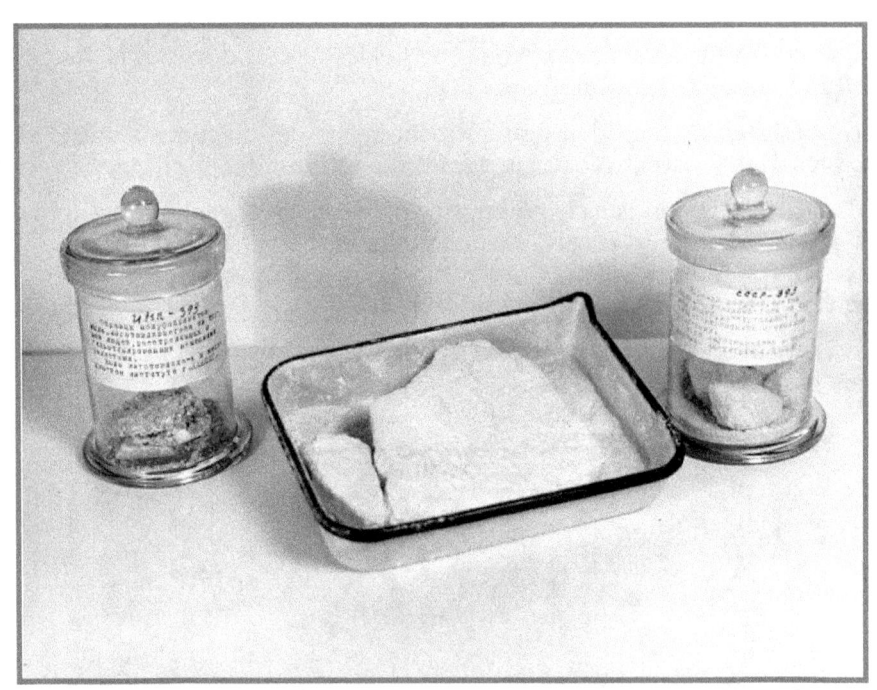

Prétendu savon humain qui se trouve au palais de la paix à la Haye

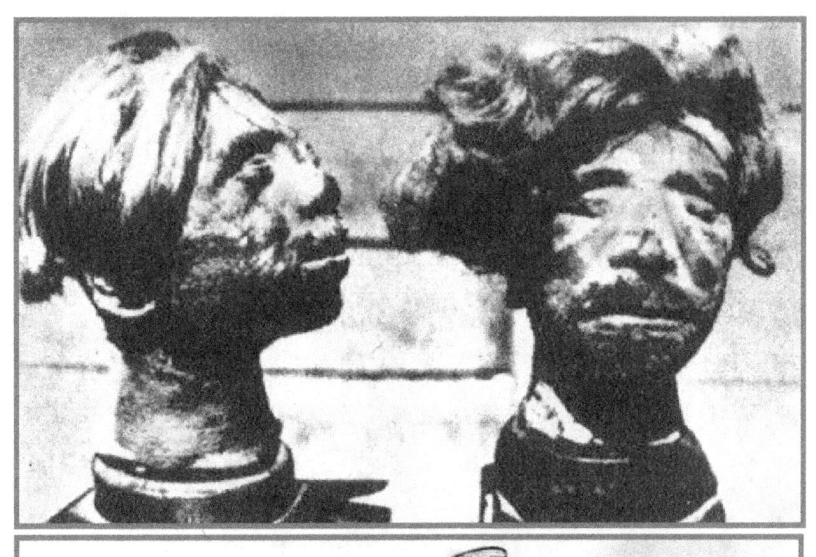

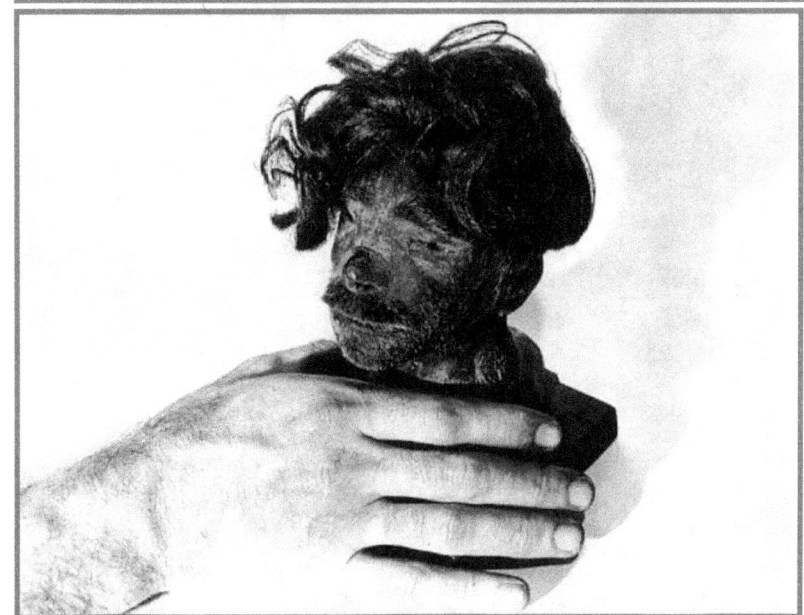

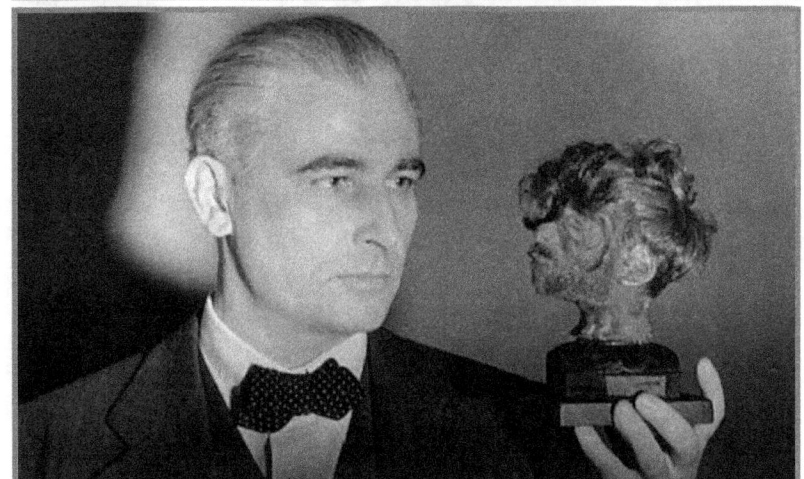

Prétendues têtes humaines réduites — Ci-dessus Thomas J. Dodd

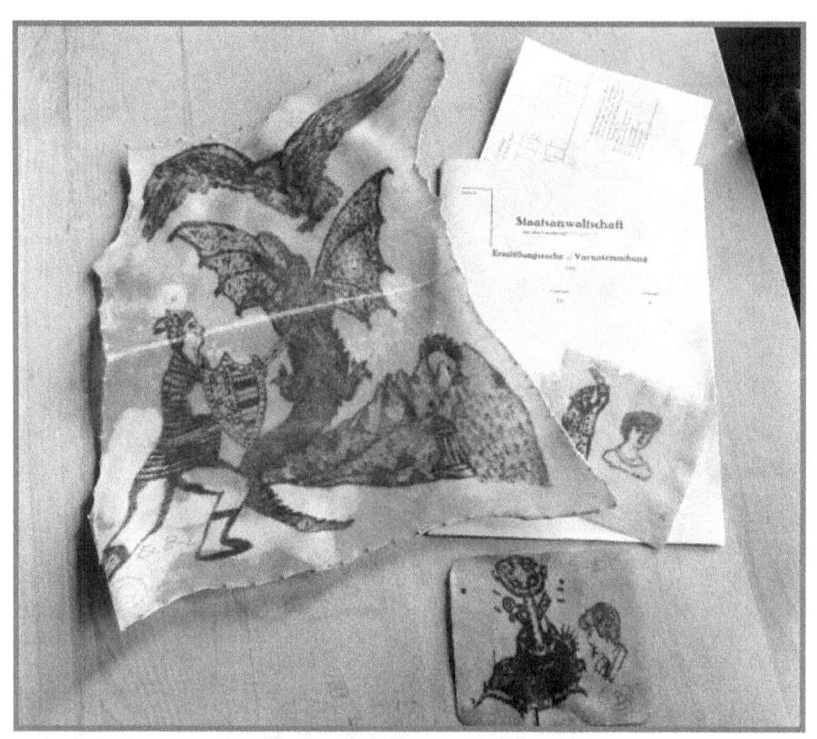
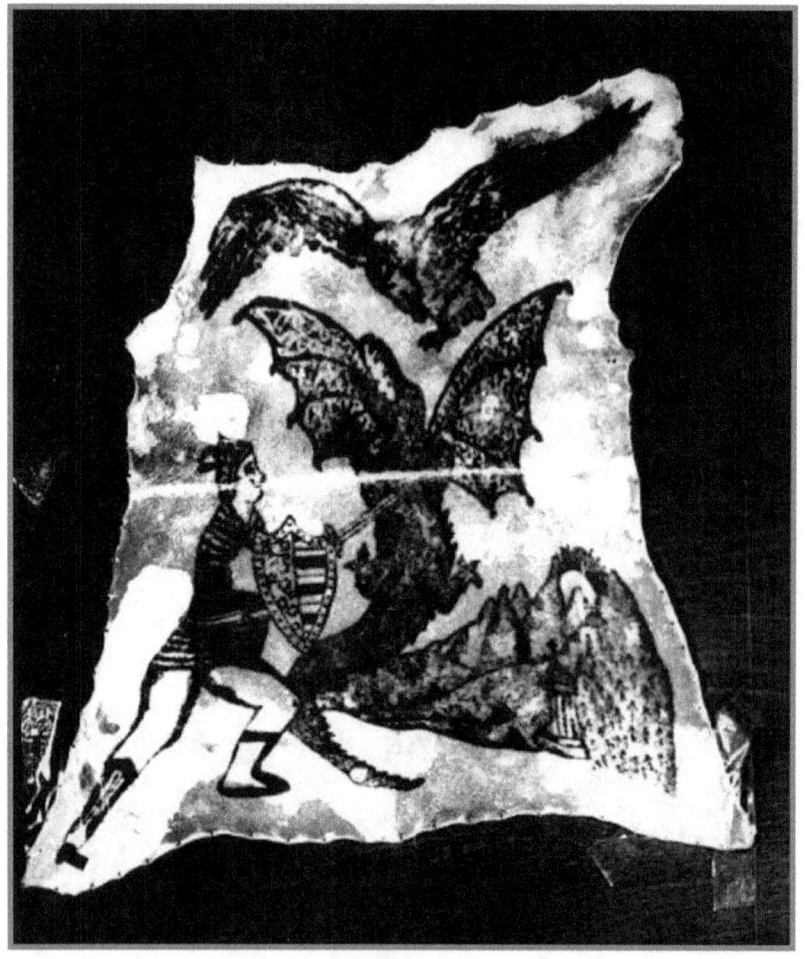
Prétendus tatouages sur peau humaine.

Prétendus tatouages sur peau humaine.

Prétendue partie d'un abat-jour fait de peau humaine.

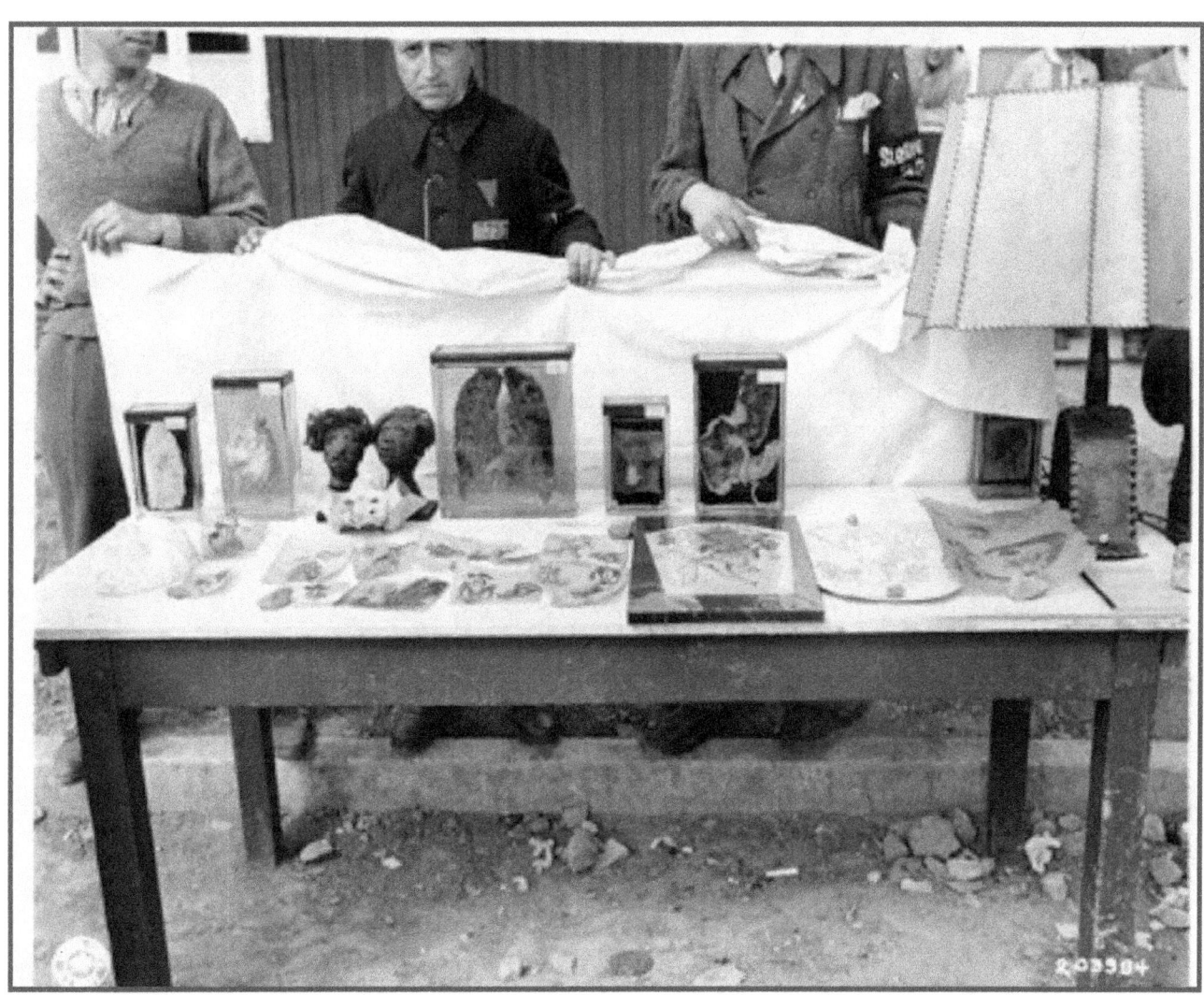

Exposition d'atrocités nazies à Buchenwald, dont le fameux abat-jour fait de peau humaine.

NOTE À PROPOS DE CARLOS W. PORTER

En 1978, Carlos W. Porter écrit un essai sur le sujet, *THE CHEMISTRY OF THE HOAXOCO$T*, qui lui vaut des menaces de mort, des appels téléphoniques hystériques, etc. Un groupe particulier a d'ailleurs été assez aimable pour lui faire un *"procès"* en son absence. Ils avaient toute une liste de crimes qu'il avait commis -être une pourriture étant l'un d'eux- il fut reconnu *"coupable"* et dument *"condamné à mort"* suite à ce procès, la *"sentence devant être exécutée par une équipe de nos spécialistes d'ici un an"*. (C'était il y a 20 ans).

En 1988, après 10 ans de recherche, il publie *MADE IN RUSSIA: THE HOLOCAUST*, une compilation de 400 pages photocopiées de la transcription du procès de Nuremberg et archives y afférent, *"prouvant"* un ensemble de mensonges que personne ne croit plus (c.à.d. chambres à vapeur, chambres sous vide, chambres avec trappe piégée, chambres de chaux vive, chambres électriques, savon humain, arbres comme armes du crime, chaussettes de cheveux humains, matelas de cheveux humains, plus une ligne exclusive de maroquinerie faite de peau humaine que personne n'a jamais vue), etc.

Le livre est disponible en anglais, sur amazon.com ou sur le site CODOH.

À son grand étonnement, le livre ne provoqua presque aucune réaction, à l'époque ou plus tard. Pratiquement la seule réaction est venue d'une personne intelligente qui lui dit : *"Votre livre est absolument incroyable. Les Allemands avaient-ils vraiment des machines à pédale pour écraser le cerveau pour fabriquer du savon humain ?"* Quand il a essayé d'expliquer que le livre n'était rien de plus qu'une collection de mensonges évidents, cette personne ne pu pas tout à fait comprendre. *"Les gens sont plus stupides que je le pensais."* dira Porter.

Carlos Porter pensait que son sarcasme serait sans ambiguïté aucune, mais non, les gens prenaient tout cela au sérieux. Son imprimeur et son libraire lui diront que son ironie passait simplement au-dessus de la tête des gens.

"Beaucoup d'autres personnes ont compris l'intention du livre, mais ont gardé le silence, pour des raisons mieux connues d'eux-mêmes. Ma propre théorie est que MADE IN RUSSIA est si étonnant que les gens ne savent pas quoi penser, alors ils ne disent rien. Peut-être ai-je raison, peut-être ai-je tort."

Carlos Porter s'est également penché sur quelque chose dont très peu de gens connaissent l'existence, *The Black Book* (Le livre noir). Dans ce livre est écrit :

L'ensemble du texte du Livre noir a été soumis aux autorités judiciaires de la Commission des Nations Unies pour les crimes de guerre à Nuremberg, en Allemagne, comme preuve des crimes commis par les nazis contre les juifs.

Les auteurs sont répertoriés comme 'le Congrès juif mondial, le Comité anti-fasciste, l'URSS, Vaad Leumi, la Palestine et le Comité américain des écrivains, des artistes et des scientifiques juifs'.

En d'autres termes, la preuve est entièrement communiste, mais la preuve communiste est fondamentalement juive. À méditer..."

La même année, 1988, il publie *NON COUPABLE À NUREMBERG* qui donna naissance à une série de corrections à *NUREMBERG ET AUTRES ESSAIS DE CRIMES DE GUERRE* par Richard Harwood (David McCalden), suivant essentiellement le même format.

Ce livre, avec environ 1.000 références, a connu un plus grand succès.

En 1992, il fait une série d'articles sur les crimes de guerre japonais à des fins de comparaison, intitulé *JAPS ATE MY GALL BLADDER*.

Plus récemment, il a co-écrit un certain nombre de livres dérivés avec Vincent Reynouard, en français, basés essentiellement sur le même matériel, mais en utilisant la version française de la transcription de Nuremberg comme base. Le premier d'entre eux s'appelait *DÉLIRE AU PROCÈS DE NUREMBERG* qui se serait assez bien vendu.

Le 23 septembre 1998, le système belge de sécurité sociale l'a conduit à la cour et lui a fait faire faillite, ce qui l'a empêché de travailler ; deux avocats lui ont conseillé de disparaître. Il fut séparé de sa famille pour la première fois en 26 ans.

"Tout ce qu'ils peuvent faire, c'est m'emprisonner. Je me demande parfois combien d'années ils m'ont condamné à l'absentia sans m'en parler."

Le 22 octobre 1998, *Le Matin*, journal quotidien publié à Liège, en Belgique, a imprimé six gros articles sur lui et sur son *"procès"* à propos de son emprisonnement et insinuant subtilement qu'il méritait d'être tué. Vincent Reynouard et lui ont répondu à cela dans une brochure de 25 pages intitulée *CARLOS PORTER RÉPOND À SES ACCUSATEURS*.

Bien que les Allemands n'aient aucune autorité pour l'arrêter à l'heure actuelle, il ne se fait aucune illusion qu'il ne sera pas pris tôt ou tard.

L'article en pdf est disponible ici :

http://ungraindesable.the-savoisien.com/public/pdf/Carlos_Whitlock_Porter_-_Biographie.pdf

À toutes fins utiles, je vous rappelle que deux chaines Youtube dédiées aux travaux de Carlos W. Porter ont été créées récemment : Nuremberg for Dummies :

https://www.youtube.com/channel/UCPW6DvfApcLJNHW3j3zagOg/videos

et Nuremberg pour les nuls :

https://www.youtube.com/channel/UCLvDFJ6yL6RK4nVACFfwFnQ

Ernst Zundel - Entrevue avec Carlos Whitlock Porter, retranscription est disponible ici :

http://ungraindesable.the-savoisien.com/public/retranscriptions/Ernst_Zundel_-_Entrevue_avec_Carlos_Whitlock_Porter.pdf

www.ingramcontent.com/pod-product-compliance
Lightning Source LLC
LaVergne TN
LVHW081543060526
838200LV00048B/2198